위빠사나 문고 옹달샘 7

# 내가 꿈꾸는 세상

묘원

행복한 숲

# 머 리 글

내가 꿈꾸는 세상은 행복하게 사는 것입니다. 행복한 세상은 나의 행복만으로 이루어지지 않습니다. 나의 행복과 함께 남도 행복해야 합니다. 나만 행복하기 위해서 남을 불행하게 하면 나의 행복은 감각적 욕망입니다. 서로 나눔이 없는 행복은 이기적 욕망입니다. 서로 간에 평화가 없으면 행복이 아닙니다. 어리석은 자는 불행을 행복으로 압니다. 지혜가 있는 자는 불행을 불행으로 알아 행복을 얻습니다.

누구나 희망을 가지고 삽니다. 모든 사람들의 희망은 행복입니다. 하지만 누구도 완전한 행복을 얻지 못합니다. 탐욕을 가지고 행복을 바라기 때문입니다. 탐욕 없이 살아본 적이 없어 진정한 행복이 무엇인지도 모릅니다. 탐욕으로 행복을 얻으려면 돌아오는 것은 불행입니다. 아무것도 바라지 않는 마음이라야 작은 것에 감사하고 만족할 수 있어 행복합니다. 탐욕이 아닌 선한 의도만 있을 때 행복이 결실을 맺습니다.

완전한 행복을 얻으려면 밖에서 구하지 말아야 합니다. 자신의 내면을 통찰해서 고요함을 얻고 지혜를 얻어야 합니다. 몸과 마음을 있는 그대로 알아차릴 때 대상의 진실을 압니다. 몸과 마음의 진실을 알아야 사물의 이치에 귀의하여 행복을 얻습니다. 그렇지 않으면 편견으로 세상을 봅니다. 나와 남에 대한 편견이 있으면 내가 꿈꾸는 완전한 행복을 얻을 수 없습니다.

내가 꿈꾸는 세상은 출세간입니다. 세간에서는 지극히 높고 자유로운 행복을 얻지 못합니다. 몸과 마음을 있는 그대로 알아차릴 때 탐욕, 성냄, 어리석음, 슬픔, 비탄, 분노, 시기, 질투에서 벗어나 지고의 행복을 얻습니다. 이것이 내가 꿈꾸는 행복한 세상입니다. 단 한순간이라도 단, 하루라도 욕망이 끊어지고, 분노가 끊어지고, 편견이 끊어지면 이미 행복을 향해서 가고 있습니다. 이 길은 언제나 열려있습니다. 오직 눈 밝은 자가 이 길을 갑니다.

묘원 합장

# 옹 달 샘

## *1*

괴로움의 원인

화를 내면 제일 먼저 자신의 몸과 마음을 불태운다.
화는 화를 먹고 더 커진다. 화는 탐욕 때문에 일어난다.
탐욕이 충족되지 않으면 화를 내지만 탐욕이 없으면 화가 소멸한다.
탐욕은 탐욕을 먹고 더 커진다.
탐욕은 어리석음 때문에 일어난다.

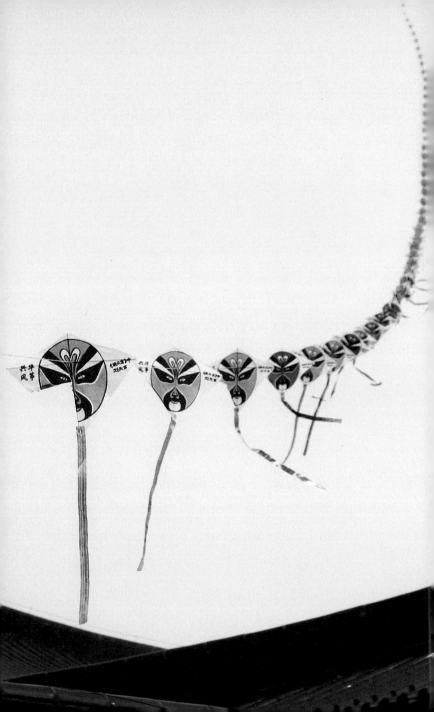

# 1. 새해

새해는 일 년에 한번 오지만 새로운 것은 매순간 온다. 모든 것은 매순간 일어나고 사라진다. 매순간이 생일이고 매순간이 새해다. 새해가 되었다고 어제 없던 것이 새로 생기지 않는다.

모든 것은 한순간의 연속이다. 하지만 새해는 하나의 정신적 매듭으로 삼아야 한다. 대나무가 하나의 매듭에서 다음 매듭을 키워가듯이 새해는 새로운 매듭이 되어야 한다.

새해에는 어리석은 마음을 알아차려서 청정한 마음으로 바꾸어야 한다. 남의 괴로움을 기뻐하지 않고 연민의 마음을 가져야 한다. 남의 즐거움을 시기하지 않고 함께 기뻐해야 한다. 이러한 마음으로 자신의 내면을 알아차려서 지혜가 날 때만이 가장 값진 한해가 된다.

## 2. 출세간의 행복

행복을 원한다고 반드시 행복이 오는 것이 아니다. 좋은 일이 있기를 바라면 좋은 일을 해야 한다. 좋지 않은 일을 하면서 좋은 일을 바라면 이루어지지 않는다. 누구나 항상 행복할 수 없다. 바라는 마음에는 만족이 없다.

세속에서는 행복과 불행이 함께 있다. 행복하지 못해 불행하고 행복이 와도 만족할 수 없어 불행하기 때문이다. 이것이 괴로움이다. 출세간에서는 행복과 불행이 함께 있지 않다. 감각적 욕망으로 행복을 바라지 않으면 행복하지 못해도 불행하지 않고 행복이 와도 만족하기 때문이다. 이것이 괴로움의 소멸이다.

행복할 때 행복을 알아차리고 불행할 때 불행을 알아차려야 한다. 그래야 출세간의 지고의 행복을 얻는다.

# 3. 내가 꿈꾸는 세상

내가 꿈꾸는 세상은 편견이 없는 있는 그대로의 세상이
다. 평등한 세상이 되려면 몸과 마음을 있는 그대로 알아
차려서 대상의 성품을 아는 지혜가 나야 한다.

평등한 세상이 되려면 먼저 불평등한 세상을 받아들여야
한다. 불평등한 세상을 받아들이려면 모든 것이 원인이 있
어서 생긴 결과라고 알아야 한다. 누구나 자기가 한 행위
를 원인으로 그에 합당한 결과를 받는다. 그러므로 모든
불평등은 각자의 행위에 따른 결과라고 이해해야 한다.

자기에게 주어진 결과를 있는 그대로 받아들일 때 새로
선한 원인을 만들어 지금이나 지금 이후에도 괴롭지 않
다. 불평등을 받아들이는 지혜가 날 때만이 내가 꿈꾸는
새로운 세상의 지평을 연다.

# 4. 괴로움의 원인

화를 내면 제일 먼저 자신의 몸과 마음을 불태운다. 화는 화를 먹고 더 커진다. 화는 탐욕 때문에 일어난다. 탐욕이 충족되지 않으면 화를 내지만 탐욕이 없으면 화가 소멸한다. 탐욕은 탐욕을 먹고 더 커진다. 탐욕은 어리석음 때문에 일어난다.

어리석어서 탐욕을 갖지만 어리석지 않으면 탐욕이 소멸한다. 어리석음은 어리석음을 먹고 더 커진다. 어리석음은 유신견 때문에 일어난다. 내 몸과 마음이라고 생각해서 유신견이 일어나지만 내 몸과 마음이 아니라고 알면 유신견이 소멸한다. 유신견은 유신견을 먹고 더 커진다.

모든 괴로움은 탐욕, 성냄, 어리석음 때문에 일어나지만 이것을 조정하는 것이 바로 자아가 있다는 잘못된 견해다.

# 5. 잘못

자신의 행위가 언제부터 잘못되었는지 왜 잘못하게 되었
는지 아는 것은 중요하지 않다. 단지 잘못을 알아차리면
된다. 잘못을 알아차리면 언젠가 지혜가 나서 개선된다.

잘못은 그럴 수밖에 없는 조건 때문에 한 행위다. 잘못을
후회하고 질책해도 개선되기 어려운 것은 어리석음과 감
각적 욕망이 자신을 지배하고 있기 때문이다. 이런 마음
이 개선되지 않으면 계속 잘못을 저지를 수밖에 없다.

잘못을 있는 그대로 알아차릴 때만이 새로운 마음이 자리
잡는다. 알아차려서 생긴 새로운 마음만이 새로운 질서를
만든다. 잘못은 순간의 마음이 한 행위라서 나의 소유가
아니다. 하지만 반드시 그 과보를 받기 때문에 있는 그대
로 알아차려야 한다.

# 6. 전에 해보지 않은 노력

지혜는 바른 노력을 해서 생기고 어리석음은 바른 노력을 하지 않아서 생긴다. 지혜를 얻으려면 대상을 있는 그대로 알아차리는 노력을 해야 한다. 어리석음은 대상을 있는 그대로 알아차리는 노력을 하지 않아서 생긴다.

알아차림은 감각기관의 문을 지키는 문지기의 역할을 해 번뇌가 들어오지 않는다. 그럼에도 알아차리지 못하는 것은 전에 없는 노력을 하지 않기 때문이다. 알아차리는 노력을 하지 않으면 게으름에 취해 미혹하게 산다.

전에 해보지 않은 노력을 하려면 확신에 찬 신념이 있어야 한다. 전에 해보지 않은 노력을 하려면 그만큼 고통을 감수해야 한다. 알아차리기 위한 고통을 감내해야 괴로움의 바다를 건너 피안에 이른다.

# 7. 지혜로 사는 길

하고 싶은 일이라고 해서 모두 다하고 살 수 없다. 하기 싫은 일이라고 해서 아무것도 하지 않고 살 수 없다. 하고 싶다고 모든 일을 다 하면 욕망으로 산다. 하고 싶지 않다고 해서 아무 것도 하지 않으면 성냄으로 산다. 하고 싶은 일이나 하기 싫은 일이 있어도 모두 알아차려야 한다.

무엇이나 적절하게 해야 어리석지 않게 산다. 만나고 싶은 사람이라고 모두 다 만나고 살 수 없다. 만나기 싫은 사람이라고 아무도 만나지 않고 살 수 없다. 만나고 싶다고 모든 사람을 다 만나면 욕망으로 산다. 만나기 싫다고 아무도 만나지 않으면 성냄으로 산다.

무엇이나 있는 그대로 알아차려서 적절하게 하는 것이 어리석지 않게 지혜로 사는 길이다.

# 8. 이 순간의 선택

나는 지금 이 순간에 화를 낼 수도 있고 화를 내지 않고 인내할 수도 있습니다. 다른 사람이 내게 잘못한 일로 인해 화를 내는 것은 상대를 용서하지 못하기 때문입니다. 하지만 상대가 잘못했더라도 화를 내지 않고 인내하면 상대를 용서할 수 있습니다.

상대의 잘못으로 인해 고통을 겪더라도 화를 내지 않고 인내하는 것은 선한 행위입니다. 이것으로 그치지 않고 잘못한 상대를 용서하면 더욱 선한 행위입니다. 잘못한 상대에게 화를 내는 것은 자신이 고통을 만드는 것입니다.

잘못한 상대를 미워하면 내가 상대와 다를 것이 없습니다. 잘못한 상대를 용서하면 먼저 자신이 행복합니다. 더불어 상대에게도 기회를 주어 서로가 행복합니다.

# 9. 탐욕과 열정

탐욕과 열정은 다르다. 탐욕은 무엇을 얻어도 만족하지 못한다. 탐욕으로 한 행위는 실패와 좌절로 마감한다. 탐욕은 어리석음과 함께 있어 나쁜 결과를 가져온다. 열정은 단지 열심히 노력하는 자세다.

열정도 선한 마음과 선하지 못한 마음으로 하는 두 가지가 있다. 선한 열정을 가지고 한 행위는 성공과 기쁨으로 마감한다. 선한 열정은 바른 노력이 있어 좋은 결과를 가져온다. 탐욕도 알아차리면 열정이 되고 열정도 알아차리지 못하면 탐욕이 된다.

무슨 일이나 알아차려서 선한 열정으로 해야지 탐욕으로 해서는 안 된다. 아무 것도 바라지 않고 열심히 노력하면 좋은 결과가 있다. 바라는 마음으로 노력하면 그만큼 괴로운 결과가 있다.

# 10. 과거에서 벗어나는 자유

누구도 과거의 잘못에서 자유로울 수 없다. 모두 어리석음과 탐욕을 가지고 태어났기 때문이다. 과거는 이미 형성된 것이라서 바꿀 수 없다. 바꿀 수 없는 과거를 있는 그대로 알아차리면 새로운 현재가 생성된다.

과거로부터 자유롭지 못하면 현재나 미래도 똑같이 자유롭지 못하다. 지난 일을 있는 그대로 알아차리면 과거는 이미 지나간 것이고 오직 실재하는 현재만 있다. 과거와 현재를 분리하지 못하면 자유를 속박 당한다.

과거의 잘못이 있어서 지금 새로 잘할 수 있다. 무엇이나 일어난 순간에 사라지고 없다. 과거는 나의 것이 아니고 단지 그 순간의 마음이 경험한 것일 뿐이다. 모든 괴로움은 나의 것이라는 잘못된 생각에서 온다.

# 11. 완전한 치유

몸과 마음에 대한 이상적인 치유는 치유하려고 하지 않을 때 이루어진다. 몸과 마음을 치유하려는 목표는 있으되 치유를 바라는 마음으로 하면 바른 결과를 얻기 어렵다. 탐욕으로 치유를 바라면 오히려 치유가 방해된다.

어떤 결과도 바라지 않고 몸과 마음을 있는 그대로 알아차릴 때 사물의 이치를 깨닫는 지혜가 난다. 이렇게 알아차려서 생긴 통찰지혜에 의해서만이 가장 완전한 치유의 결과를 얻는다.

물질적인 치유는 일시적이지만 정신적인 치유는 근본적이다. 어떤 선입관 없이 몸과 마음을 있는 그대로 알아차리면 무상, 고, 무아의 지혜가 난다. 이것이 해탈의 지혜며 이 지혜만이 완전한 치유로 이끈다.

# 12. 마음은

마음은 물질이 아니라서 형체가 없다. 마음은 조건에 따라 다양한 모양을 만들 수 있고 모양이 아닌 것을 만들 수 있다. 마음은 어떤 대상이나 있는 그대로 받아들여서 아는 기능을 한다.

마음은 하늘이 될 수 있고 땅이 될 수 있고 나무가 될 수 있다. 마음은 해가 될 수 있고 달이 될 수 있고 별이 될 수 있다. 마음은 즐거울 수 있고 괴로울 수 있고 덤덤할 수 있다. 마음은 비가 될 수 있고 눈이 될 수 있고 바람이 될 수 있다. 마음은 어리석을 수 있고 지혜가 있을 수 있다.

마음은 보고 듣고 냄새 맡고 맛보고 접촉하고 생각하는 것에 따라 다르다. 마음은 매순간 조건에 따라 변하므로 실체가 없다. 마음은 있지만 내 마음이 아니다.

# 13. 자신의 적

가장 큰 적은 밖에 있지 않습니다. 어리석음이 가장 큰 적입니다. 어리석음은 몸과 마음이 가지고 있는 본성을 알수 없도록 덮어버리기 때문에 진실을 알지 못합니다. 그래서 바른 것을 바르지 못한 것으로 알고 바르지 못한 것을 바른 것으로 압니다.

어리석으면 탐욕이 생겨 바르지 못한 것을 움켜쥐고 놓지 않습니다. 탐욕은 고기를 구을 때 고기가 불판에 달라붙는 것과 같습니다. 어리석으면 때와 장소를 가리지 않고 누구에게나 화를 냅니다.

성냄은 해로운 독이 순식간에 자신의 몸 전체로 퍼지는 것과 같습니다. 어리석음에서 벗어나려면 자신의 몸과 마음을 알아차려서 무상, 고, 무아의 지혜를 얻어야 합니다.

# 14. 양심과 수치심

양심이 있으면 악한 행위에 대해 부끄러워할 줄 안다. 양심이 없으면 악한 행위에 대해 부끄러워할 줄 모른다. 수치심이 있으면 악한 행위에 대해 두려움을 느낀다. 수치심이 없으면 악한 행위에 대해 두려움을 느끼지 못한다.

양심이 있고 수치심이 있으면 선한 행위를 한다. 양심이 없고 수치심이 없으면 선하지 못한 행위를 한다. 양심이 있고 수치심이 있으면 인간답게 산다. 양심이 없고 수치심이 없으면 짐승처럼 본능대로 산다.

짐승은 오직 생존을 위해 행동하지만 인간은 생존을 위한 것으로 그치지 않고 탐욕을 가지고 악행을 일삼는다. 양심이 있으면 부끄러워서 악행을 일삼지 않는다. 수치심이 있으면 두려워서 악행을 피한다.

# 15. 인색

인색하면 가진 것을 남과 나누지 않습니다. 뿐만 아니라 남이 가진 것도 용납하지 않습니다. 또 자신에게도 사용하지 않습니다.

그러므로 인색한 자가 가졌다고 해도 진정으로 가진 것이라고 볼 수 없습니다. 남과 나누지도 못하고 자신에게도 사용하지 못한다면 이미 가진 것을 상실한 것입니다. 인색해서 얻은 성공은 성공이 아닙니다.

인색한 사람은 누가 볼까봐 가진 것을 숨깁니다. 그래서 가져도 쓰디쓴 것을 가진 것이며 가져도 움츠러들기 마련입니다. 인색하면 살아서도 아귀로 살고 죽어서도 아귀로 태어납니다.

# 16. 무엇을 가졌는가?

가진 자는 가졌기 때문에 교만하다. 갖지 못한 자는 갖지 못했기 때문에 비참하다. 가졌기 때문에 교만하고 갖지 못했기 때문에 열등감을 느끼는 것은 세속의 삶이다. 이런 삶에서는 자신의 모습을 비춰볼 수 없어 삶의 질을 향상 시킬 수 없다.

가졌거나 갖지 못했거나 있는 그대로 알아차리면 존재의 본성인 무상, 고, 무아밖에 없다. 그래서 교만하지 않고 비참하지 않다. 이것이 출세간의 삶이다.

가졌기 때문에 교만하면 다른 것을 가진 것이 아니고 세간의 정신을 가진 것이다. 갖지 못해서 비참하면 다른 것을 갖지 못한 것이 아니고 출세간의 정신을 갖지 못한 것이다. 모두 있는 그대로 알아차리면 갖거나 갖지 못한 것이 없어 자유롭다.

# 17. 생각의 진실

생각은 자신의 습성이며 가치관이고 문화다. 사람들은 저마다의 생각을 가지고 있다. 저마다의 생각이 있다는 것은 나의 생각도 있고 상대의 생각도 있고 다른 사람의 생각도 함께 있다는 것이다.

이런 단순한 사실을 받아들이면 평화가 있고 받아들이지 않으면 다툼이 있다. 나의 생각도 있지만 상대의 생각이 있다는 것을 아는 것이 지혜다. 나의 생각만 고집하고 상대의 생각을 무시하는 것이 어리석음이다.

생각이 다른 사람이 모여 사는 것이 가족이고 사회고 인류다. 누구나 자기 생각이 옳다고 여긴다. 각자의 생각의 진실에 대한 기준도 다를 수밖에 없다. 생각에 대한 진실을 따지기에 앞서 저마다의 생각을 존중하는 것이 우선이다.

# 18. 값진 약

괴로움을 피하지 마십시오. 괴로움을 받아들여서 그대로 안고 가십시오. 괴로움은 원인이 있어서 생긴 결과입니다. 이 원인은 내가 일으킨 것입니다. 그러니 어쩌겠습니까? 괴로운 것이 죽는 것보다 낫습니다.

괴롭지 않은 사람이 없습니다. 사는 것이 다 괴로움입니다. 괴로울 때 '지금 괴로워하고 있네' 하고 알아차리십시오. 그런 뒤에 가슴의 느낌을 알아차리십시오. 거친 느낌, 중간느낌, 미세한 느낌이 될 때까지 알아차리십시오.

느낌을 없애려고 알아차리지 말고 대상으로 알아차리십시오. 그 뒤 호흡을 알아차리면 괴로움에서 벗어납니다. 괴로움은 와서 보라고 나타난 법입니다. 최고의 자유를 얻는 데 괴로움보다 값진 약은 없습니다.

# 19. 세 가지 근본마음

선하지 못한 마음은 탐욕, 성냄, 어리석음이다. 이 세 가지 마음은 선하지 못한 모든 마음의 근본이다. 이 마음을 기본으로 여러 가지 선하지 못한 마음이 파생된다. 선하지 못한 마음으로 인해 괴롭고 끝없는 윤회를 거듭한다.

세 가지 선하지 못한 마음을 알아차리면 탐욕 없음, 성냄 없음, 어리석음 없음의 마음이 된다. 허나 이 마음이 선한 마음인 관용, 자애, 지혜의 마음은 아니다. 탐욕 없음, 성냄 없음, 어리석음 없음을 지속적으로 알아차려서 지혜가 나야 관용, 자애, 지혜의 마음이 생긴다.

이 세 가지 마음은 선한 모든 마음의 근본이다. 이 마음을 기본으로 여러 가지 선한 마음이 파생된다. 선한 마음으로 인해 행복하고 윤회가 끝난다.

# 20. 주어진 일

자신에게 주어진 일을 거역하지 마십시오. 어떤 일이 되었건 먼저 있는 그대로 알아차리십시오. 좋은 일이건 나쁜 일이건 즉각 반응하지 말고 대상으로 알아차려야 합니다. 즉각 반응을 하면 자신이 가지고 있는 고정관념으로 평가합니다.

고정관념으로 내린 판단은 위험하며 진실을 아는데 도움이 되지 않습니다. 즉각 반응하면 맨느낌에서 육체적 느낌으로 진행됩니다. 육체적 느낌으로 진행되면 좋다거나 싫다고 결정합니다. 그래서 좋아하면 집착하고 싫어하면 배척합니다.

이렇게 진행된 것을 알아차리지 못하면 다시 정신적 느낌으로 진행됩니다. 그러면 좋아서 더 집착하고 싫어서 더 배척합니다. 이것이 괴로움으로 가는 과정입니다.

# 21. 수행자의 자세

수행을 잘하기 위해서 하지 마십시오. 수행은 단지 나타난 현상을 알아차리는 것입니다. 어떤 현상이 되었거나 전부 알아차릴 대상입니다.

수행을 잘하려고 하는 것이 탐욕입니다. 수행이 안 된다고 싫어하는 것이 성냄입니다. 탐욕과 성냄이 있는지를 모르는 것이 어리석음입니다. 수행이 잘 안 되는 것이 알아차릴 대상입니다. 수행이 잘 되는 것도 알아차릴 대상입니다.

수행을 가장 잘하는 방법은 수행이 잘 안될 때 잘 안 되는 것을 알아차리는 것입니다. 그러면 관용이 생겨 성냄이 사라집니다. 수행이 잘될 때도 잘되는 것을 알아차려야 합니다. 그러면 관용이 생겨 탐욕이 사라집니다. 모든 현상은 단지 알아차릴 대상에 불과합니다.

## 22. 기쁨과 슬픔

기쁨은 내 마음이 만들어서 얻는다. 기쁨은 작은 꽃 한 송이에서나 푸른 나뭇잎 하나에서도 느낄 수 있다. 기쁨은 일어나고 꺼지는 자신의 호흡이나 오른발 왼발의 움직임을 알아차리는 것에서도 얻는다.

기쁨은 어디서 오지 않고 아름답고 사랑으로 충만한 자신의 마음에서 온다. 기쁨이 있으면 슬픔이 들어올 틈이 없다. 슬픔은 내 마음이 만들어서 갖는다. 슬픔은 나뭇가지를 스치는 겨울의 황량한 바람이나 길 위를 뒹구는 작은 낙엽 하나에서도 느낄 수 있다.

슬픔은 늙고 병든 자신의 모습에서나 사랑받지 못하는 마음에서 온다. 슬픔은 어디서 오지 않고 만족할 수 없는 자신의 마음에서 온다. 슬픔이 있으면 기쁨이 들어올 틈이 없다.

# 23. 진실로 가는 방식

진실이 없어서 모르는 것이 아니다. 진실이 있어도 알지 못해서 모른다. 어리석으면 진실이 있어도 알지 못하며 알려고 하지도 않는다. 진실은 항상 자신의 몸과 마음에 드러나 있다. 그러나 진실을 보는 방법을 모르기 때문에 발견하지 못한다.

진실을 알려면 자신의 몸과 마음을 있는 그대로 알아차려야 한다. 아무 것도 바라는 마음 없이 없애려는 마음 없이 알아차릴 때만이 통찰지혜가 생긴다. 있는 그대로 알아차려야 존재의 특성인 무상, 고, 무아의 진실을 안다.

자신의 몸과 마음을 대상으로 하지 않고 밖으로 나가면 진실을 알 수 없다. 진실을 알려면 진실로 가는 방식을 택해야 한다. 자기방식을 고집하면 진실에 이르지 못한다.

# 24. 최상의 가치

세상의 부귀영화를 전부 가질 수는 없다. 어리석음과 욕망을 가지고 살면 세상의 모든 부귀영화를 독점하려고 한다. 이런 마음을 가지고 있으면 괴롭게 살 수밖에 없다. 욕망은 아무리 가져도 만족할 수 없어서 그 끝이 없다. 그러므로 이런 욕망을 가진 것이 바로 어리석음이다.

세상의 모든 부귀영화보다 더 우월한 것이 있다. 이것을 얻으려면 어떤 부귀영화도 바라지 않고 모든 대상을 있는 그대로 알아차려야 한다.

이렇게 해서 얻은 지혜가 부귀영화보다 더 우월하여 지고의 행복을 누릴 수 있다. 아무리 가져도 만족할 수 없는 것은 가치가 없다. 아무 것도 갖지 않아도 만족할 수 있다면 최상의 가치가 있다. 이것이 깨달음이다.

# 25. 수행 면담의 이익

수행은 경험하지 않은 새로운 정신세계를 탐험하는 길이라 반드시 면담이 필요하다. 자신의 수행에 대한 체험을 밝혀야 바른 길을 가는지 잘못된 길을 가는지 알 수 있다.

면담의 이익은 네 가지가 있다. 첫째, 면담을 하기 위해 자신이 한 수행을 요약해 볼 수 있어 유익하다. 둘째, 자신이 한 수행을 말할 때 스스로 영감을 얻어 지혜가 난다. 자신의 수행을 말할 때 막연했던 행위가 객관화되어 정리가 된다.

셋째, 스승의 가르침을 듣고 잘된 것은 확신을 가지고 발전시키고 잘못된 것은 개선한다. 스승의 가르침을 들을 때 영감을 얻어 지혜가 난다. 넷째, 스승의 가르침을 듣고 기억했다가 적절한 조건이 성숙될 때 그대로 실천하게 된다.

# 26. 알아차리는 마음

탐욕을 알아차리는 순간 알아차리는 마음에 의해 탐욕이 사라진다. 그러므로 애써 탐욕을 없애려고 할 것 없다. 만약 탐욕을 없애려고 하면 없애려고 하는 마음이 탐욕이 되어 오히려 탐욕을 더 부추긴다.

성냄을 알아차리는 순간 알아차리는 마음에 의해 성냄이 사라진다. 그러므로 애써 성냄을 없애려고 할 것 없다. 만약 성냄을 없애려고 하면 없애려고 하는 마음이 성냄이 되어 오히려 성냄을 더 부추긴다.

어리석음을 알아차리는 순간 알아차리는 마음에 의해 어리석음이 사라진다. 그러므로 애써 어리석음을 없애려고 할 것 없다. 만약 어리석음을 없애려고 하면 없애려고 하는 마음이 어리석음이 되어 오히려 어리석음을 더 부추긴다.

# 27. 수행은 환상이 아니다

수행은 환상이 아닌 실재하는 현상을 알아차리는 행위다. 자신이 가지고 있는 실재하는 현상은 감각적 욕망과 성냄과 게으름과 들뜸과 의심이다. 수행을 시작하면 이런 현상이 나타나기 마련이고 이것을 알아차리는 것은 괴로움이다.

수행은 잘하려고 하지 말고 괴로움이 있는 것을 알아차리기 위해서 해야 한다. 마음을 잠시 호흡과 발걸음에 고정하려고 해도 원하는 대로 되지 않는다. 수행은 믿음과 인내가 없으면 할 수 없다. 만약 수행을 잘하려고 한다면 이런 장애에 걸려 쉽게 포기할 수밖에 없다.

믿음이 있어도 인내가 없으면 수행을 하려는 바람도 한순간의 호기심으로 그치고 만다. 무지개는 가시밭길을 넘어가야 잡는다.

# 28. 괴로움은 희망을 만든다

욕망이 많으면 언제나 괴롭게 삽니다. 욕망이 없는 사람이 없기 때문에 괴롭지 않은 사람이 없습니다. 좋아도 괴롭고 싫어도 괴롭고 심심해도 괴롭습니다. 괴로움이 있다는 사실을 알면 괴로움에서 벗어날 수 있습니다.

어리석으면 괴로운지도 모르고 괴로워합니다. 다행히 지혜가 있어서 괴로움이 있다는 사실을 알면 매우 고무적인 일입니다. 그러니 괴롭지 않으려고 하지 마십시오. 괴로움이 있는지 알아야 비로소 적절한 방법을 찾습니다.

사실 괴롭지 않으려고 해서 괴롭지 괴로움을 있는 그대로 받아들이면 단지 하나의 알아차릴 대상에 불과합니다. 이렇게 되면 괴로움이 오히려 정신적 활력을 주는 요소로 작용하여 희망을 만듭니다.

# 29. 자애(慈愛)

자애가 충만한 마음일 때만 스스로 행복을 만들고 자신을 불행으로부터 보호한다. 자신의 마음이 자애로 충만할 때만 남에게도 충만한 자애를 보낼 수 있다. 자애는 스스로를 존중하고 모든 생명을 존중하는 숭고한 사랑이다.

자애는 괴로움을 주는 이성간의 사랑이 아니며 가족끼리의 결속도 아니고, 종교적, 정치적, 민족적 형제애도 아니다. 이러한 사랑은 필요할 때만 뜨거우며 이익이 되지 않을 때는 더 잔인하게 배척한다.

숭고한 자애는 이기적이지 않고 공평하므로 자신의 이익만 추구하지 않는다. 모든 생명이 함께 살 수 있도록 자신의 욕망을 절제해야 진정한 자애다. 자애가 있어야 연민이 있고 함께 기뻐함이 있고 평정심이 있다.

# 30. 기쁨과 슬픔

기뻐서 슬프고
슬퍼서 기쁘다.

느낌은
경계가 없다.

# 31. 태어남과 죽음

나를 초대한 사람은 없지만 이 세상에 태어났습니다. 언젠가 이별을 알리지도 못하고 이 세상을 떠나야 합니다. 한 때 즐거움이 있었지만 이런 즐거움조차 버려야 한다는 것은 괴로움입니다.

사는 것이 고달파도 언젠가 죽어야 한다는 것은 분명히 두려움입니다. 즐거움을 버릴 수도 없고 그렇다고 괴롭다고 죽을 수도 없습니다. 어떻게 이 세상에 왔는지 모르고 죽으면 어떻게 되는지 몰라 막연한 공포를 느끼고 삽니다.

하지만 딱히 두려움에서 벗어나는 방법을 몰라 짐짓 외면합니다. 태어남과 죽음을 누가 지배하거나 내가 지배하는 것이 아닙니다. 단지 원인과 결과라는 조건이 지배합니다. 이런 사물의 이치를 알아야 괴롭지 않습니다.

# 옹달샘

## 2

### 단순의 진실

단순함에 명쾌함이 있어 직관력이 생긴다.
단순함에 고요함이 있어 통찰지혜가 난다.
대상을 있는 그대로 알아차리면 단순해져 탐욕과 성냄과 어리석음이 일어
나지 않는다. 단순한 마음은 복잡하지 않아서 혼란하지 않다.

# 32. 잘못된 일

듣거나 읽거나 생각으로 아는 것은 지식에 머문다. 무슨 일이나 직접 경험하고 바르게 알아야 지혜가 난다. 잘된 일에도 진실이 있지만 잘못된 일에도 진실이 있다. 잘못된 일도 생각으로 알아서는 진실을 알 수 없다.

잘못된 일을 직접 행하고 그에 따른 합당한 결과를 체험해야 잘못의 진실을 안다. 잘못된 일을 경험했다고 모두 진실을 아는 것이 아니다. 잘못된 결과를 있는 그대로 알아차려야 진실을 안다.

잘못된 일을 경험하고도 진실을 알지 못한다면 계속 잘못된 일로 남는다. 하지만 진실을 알아 지혜가 나면 잘못된 일이 아니고 오히려 잘된 일이다. 잘못 된 일을 잘못된 일로 두거나 바른 결과로 바꾸는 것은 자신이 선택한다.

# 33. 행복은 누가 주지 않는다

행복은 누가 주지 않으며 저절로 찾아오지 않는다. 모든 일에 최선을 다해 노력하고 아무 것도 바라지 않아야 스스로 행복을 얻는다. 가족과 친지와 이웃과 화목하게 지내고 불우한 사람을 위해 봉사할 때 스스로 행복을 얻는다.

자신을 절제하여 바른 생각과 바른 말과 바른 행동을 할 때 스스로 행복을 얻는다. 지나간 과거의 일에 매달려 후회하지 않고 오지 않은 미래의 일에 매달려 걱정하지 않아야 스스로 행복을 얻는다.

남에게 도움을 받은 은혜에 감사하고 자신이 남을 위해 은혜를 베풀 때 스스로 행복을 얻는다. 부자고 지위가 높고 명예를 얻었다고 행복하지 않다. 대상을 있는 그대로 알아차려서 생긴 지혜가 최상의 행복을 준다.

## 34. 단순의 진실

단순함에 명쾌함이 있어 직관력이 생긴다. 단순함에 고요함이 있어 통찰지혜가 난다. 대상을 있는 그대로 알아차리면 단순해져 탐욕과 성냄과 어리석음이 일어나지 않는다. 단순한 마음은 복잡하지 않아서 혼란하지 않다.

마음이 혼란하면 들떠서 바르게 판단할 수 없다. 단순해지려면 바라는 마음 없이 없애려는 마음 없이 있는 그대로 알아차려야 한다. 마음이 대상을 향할 때 한순간에 하나의 마음밖에 없다. 생각이 많아도 한순간에 하나의 생각밖에 없다.

보이는 대상이 많아도 한순간에 하나의 대상밖에 없다. 들리는 소리가 많아도 한순간에 하나의 소리밖에 없다. 어떤 대상이나 현재 나타난 하나의 대상에 집중하면 단순해진다.

# 35. 대상을 아는 마음

차창을 스쳐지나가는 풍경이 끊임없이 계속되어도 대상을 아는 마음은 항상 하나다. 차창 밖의 풍경으로 마음이 나가면 대상이 가지고 있는 진실을 알 수 없다. 차창 밖의 풍경을 보는 마음을 알아차려야 무상의 법을 안다.

마음이 대상에 머물면 대상이 모두 변하는 것임에도 무상의 지혜가 나지 않는다. 수많은 생각이 끊임없이 일어나도 대상을 아는 마음은 항상 하나다. 무수하게 일어나는 생각으로 마음이 나가면 대상이 가지고 있는 진실을 알 수 없다.

생각하는 마음을 알아차려야 무상의 법을 안다. 마음이 생각에 머물면 생각이 모두 변하는 것임에도 무상의 지혜가 나지 않는다. 대상을 아는 마음을 알아차려야 무상의 법을 안다.

# 36. 수행자

수행자라고 해서 모두 선하고 지혜가 있는 것은 아니다. 자신의 내면을 얼마나 통찰하느냐에 따라 새롭게 선한 마음을 갖거나 계속해서 선하지 못한 마음을 가질 수 있다. 누구나 선한 마음과 선하지 못한 마음을 함께 가지고 있다.

수행은 선한 마음을 계발하고 선하지 못한 마음이 일어나지 않도록 하지만 지혜가 얼마나 성숙되었는가에 따라 결과가 다르다. 수행을 영양으로 삼아야 몸과 마음이 청정해진다. 수행을 장식으로 삼으면 번뇌의 늪에서 헤어나지 못한다.

바른 수행자가 되어 괴로움에서 벗어나려면 수행을 옷으로 삼고, 수행을 밥으로 삼고, 수행을 집으로 삼아서 생각과 말과 행위를 모두 있는 그대로 알아차려야 한다.

# 37. 진실의 참뜻

누구나 진실을 말한다. 하지만 진실은 말하는 순간에만 진실하다. 마음이 매순간 변하므로 다음 순간에는 다른 말을 한다. 그러나 먼저 한 말도 진실하고 다음에 한 말도 진실하다. 먼저 있던 마음과 다음에 일어난 마음은 같은 마음이 아니고 조건에 의해 변한 마음이다.

사람의 생각과 말과 행동은 믿을 것이 못된다. 하지만 믿을 것이 못된다고 무조건 불신해서는 안 된다. 오히려 변한다는 사실을 받아들여서 이해하면 무상과 무아의 지혜가 난다.

모든 현상은 변하고 이것을 소유하는 자아는 없다. 누가 내게 전과 다른 태도를 보였을 때 상대의 마음은 상대의 마음이 아니다. 상대도 매순간 변하는 마음 때문에 어쩔 수 없이 그렇게 한다.

# 38. 선(善)의 승리

악은 선을 이기지 못한다. 악은 탐욕을 부리고 선은 관용을 베푼다. 악은 미워하고 선은 사랑한다. 악은 어리석고 선은 지혜롭다. 악은 삿된 견해를 갖고 선은 바른 견해를 갖는다. 악은 양심이 없고 선은 양심이 있다.

악은 수치심이 없고 선은 수치심이 있다. 악은 인색하고 선은 후하다. 악은 배척하고 선은 포용한다. 악은 비난하고 선은 칭찬한다. 악은 계율이 없어 자신을 위험으로부터 보호하지 못한다. 선은 계율이 있어 자신을 위험으로부터 보호한다.

악은 만족하지 못해 실패고 선은 만족해서 승리다. 악과 선은 자신의 마음에 있다. 악한 마음을 알아차리면 선한 마음이 된다. 선한 마음을 알아차리면 지혜가 나서 자유를 얻는다.

# 39. 괴로움의 소멸

괴로움을 소멸시켜 지고의 행복을 얻으려면 두 가지 노력을 해야 한다. 첫째, 이미 일어난 괴로움을 알아차려서 소멸시켜야 한다. 과거의 원인으로 인해서 생긴 괴로운 결과를 알아차리면 괴로움이 소멸된다.

원인이 있어서 생길 수밖에 없는 결과를 수용하면 괴로움은 단지 알아차릴 대상이다. 이때 괴로움을 없애려고 감각적 욕망을 탐닉하거나 극단적 고행을 해서는 치유가 어렵다.

둘째, 아직 생기지 않은 괴로움이 일어나지 않도록 대상을 알아차려야 한다. 괴로움의 원인이 될 것들을 알아차려서 괴로운 결과를 만들지 않아야 한다. 일어난 괴로움을 알아차려서 받아들이고 일어날 괴로움을 알아차려서 예방하면 모든 번뇌가 소멸한다.

# 40. 어리석음

어리석으면 탐욕의 끝이 없다. 탐욕의 결과는 불만족을 겪으면서 죽고 다시 불만족을 겪기 위해 태어난다. 어리석으면 성냄의 끝이 없다. 성냄의 결과는 자신의 몸과 마음을 불태우면서 죽고 다시 자신의 몸과 마음을 불태우기 위해 태어난다.

어리석으면 어리석음의 끝이 없다. 어리석음의 결과는 탐욕과 성냄과 어리석음을 가지고 죽고 다시 탐욕과 성냄과 어리석음을 가지고 살기 위해 태어난다. 어리석어서 어리석다.

어리석음은 윤회의 근본원인이다. 어리석음은 유신견, 상견, 단견, 무인견이 가까운 원인이다. 어리석으면 항상 양심 없음과 수치심 없음과 들뜸을 동반한다. 어리석기 때문에 탐욕과 성냄과 어리석음을 끝내지 못한다.

# 41. 말의 소유

누가 내게 무슨 말을 하거나 상대가 하는 말은 그의 것이지 나의 것이 아니다. 상대가 내게 호의를 보이거나 비난을 하거나 모두 상대의 일이지 나의 일이 아니다. 만약 상대의 말을 즉각 나의 것으로 하면 상대가 내게 호의를 보일 때 감각적 욕망에 도취된다.

또 나를 비난할 때 화를 내게 된다. 상대의 말에 즉각 반응하지 않고 상대의 말로 두면 상대로 인해 감각적 욕망에 도취되지 않으며 화를 내지 않는다. 상대로 인해 내가 좋지 못한 영향을 받는다면 어리석은 일이다.

상대의 말은 단지 상대의 말로 듣고 호의를 베풀 때는 알아차려서 취하지 말아야 한다. 비난할 때는 알아차려서 옳은 말은 받아들이고 그른 말은 그냥 들어야 한다.

# 42. 바라밀

바라밀은 깨달음을 얻기 위해 선한 일을 하는 행위다. 오직 바라밀만이 완전하게 피안으로 건너가게 한다. 구도자가 보시, 지계, 출가, 지혜, 정진, 인내, 믿음, 발원, 자비, 평정을 행하면 피안으로 건너가는 힘을 얻는다.

바라밀은 불쌍하고 가엾게 여기는 마음에 의해 길러진다. 또 사물의 바른 이치를 아는 마음에 의해 실천할 수 있도록 잡아준다. 바라밀은 연민에 의해 고양된다. 바라밀은 감성이 아닌 이성에 의해 이끌린다.

바라밀은 이기적 동기에 의해 영향을 받지 않고 오직 순수한 동기에 의해 영향을 받는다. 바라밀은 잘못된 믿음과 아만심에 의해 타락하지 않는 덕목이다. 바라밀은 깨달음으로 가는 차표다.

## 43. 과보심(果報心)

선심은 선과보심과 어울리고, 불선심은 불선과보심과 어울린다. 선심을 갖고 싶어도 마음대로 되지 않는다. 불선과보심이 많으면 선심이 있어도 불선심으로 바뀐다. 불선심을 갖지 않으려 해도 마음대로 되지 않는다.

선과보심이 많으면 불선심이 있어도 선심으로 바뀐다. 과보심은 조건에 의해서 생긴 인과응보의 마음이다. 과보심은 과거에 행위를 한 원인으로 인해 생긴 결과의 마음으로 그림자와 같다. 이처럼 현재의 마음만 있지 않고 보이지 않는 과보심이 있어서 항상 영향을 미친다.

과보심은 습관적인 마음으로 축적된 성향이다. 선과보심이 생기도록 하려면 수행을 해서 선업을 쌓아야 한다.

# 44. 선심(善心)이 되는 과정

불선심은 탐욕, 성냄, 어리석음이고 선심은 관용, 자애, 지혜다. 불선심과 선심은 반대의 마음이다. 불선심인 탐욕, 성냄, 어리석음을 알아차리면 즉각 선심인 관용, 자애, 지혜로 바뀌지 않는다.

불선심인 탐욕을 알아차리면 탐욕 없음이 된다. 불선심인 성냄을 알아차리면 성냄 없음이 된다. 불선심인 어리석음을 알아차리면 어리석음 없음이 된다. 이 상태에서 탐욕 없음이 관용으로 바뀌기 위해서는 보시를 행해야 한다.

성냄 없음에서 자애로 바뀌기 위해서는 지계가 있어야 한다. 어리석음 없음에서 지혜로 바뀌기 위해서는 수행을 해야 한다. 불선심이 선심으로 바뀌기 위해서는 불선심 없음의 과정에서 보시, 지계, 수행을 해야 한다.

# 45. 선악을 벗어난 마음

나는 선한 마음을 가지고 있지만 선하지 못한 마음도 있다. 선하고 싶어 노력하지만 불가피 선하지 못한 마음도 가지고 있다. 나는 선하지 못한 마음을 가지고 있지만 선한 마음도 있다. 나쁜 마음을 먹으려 해도 선한 마음이 가만히 있지 않는다.

내가 지혜가 있을 때는 관용과 자애의 선한 마음을 갖는다. 내가 어리석을 때는 탐욕과 성냄의 선하지 못한 마음을 갖는다. 선한 마음이나 선하지 못한 마음이나 모두 과거로부터 이어져 오는 과보의 영향을 받는다.

그래서 선하고 싶어도 선하지 못하고, 선하고 싶지 않아도 선할 수밖에 없다. 선하고 선하지 못한 마음을 알아차려서 지혜를 얻으면 작용만하는 마음을 가져 해탈의 자유를 얻는다.

# 46. 기다림

기다림은 인고(忍苦)의 세월을 이겨내는 영약이다. 기다림은 자신의 위험을 막아서 보호하는 계율이다. 기다림은 모두를 배려하는 도덕적 규범이다. 기다림은 어떤 괴로움과 슬픔도 이겨내는 인내다.

기다림은 빠르지 않음이라 분주하지 않아서 들뜸이 없다. 들뜸이 없을 때 고요함이 생겨 사물의 이치를 아는 지혜가 생긴다. 할 일을 다 한 뒤에 아무 것도 바람이 없는 기다림이 해탈의 자유로 이끈다. 세월이 길다 해도 기다림을 이기지 못한다.

탐욕이 있으면 기다릴 줄 몰라 이익보다 손실을 본다. 성냄이 있으면 기다릴 줄 몰라 자신의 몸과 마음을 불사른다. 어리석으면 기다릴 줄 몰라 바른 것을 얻지 못하고 바르지 못한 것을 얻는다.

# 47. 비난 받을 때

나를 부당하게 비난할 때 나를 괴롭히기 위해 한 말이 아니다. 남을 비난하는 것은 그 사람의 성향이다. 나를 부당하게 비난할 때 상대가 자신의 감정을 드러내는 것이라 나와는 무관한 일이다.

상대의 말은 상대의 것이다. 상대가 어떤 말을 하거나 하나의 법으로 알아차려야 한다. 모든 현상은 있는 그대로의 실재를 드러내고 있다. 드러난 현상은 항상 와서 보라고 하고 있다. 와서 보라고 드러낸 현상을 있는 그대로 알아차리면 조건에 따른 변화만 있다.

일어난 것은 일어난 순간에 사라지며 그것을 소유하는 자아가 없다. 마음은 있지만 조건에 의해 끊임없이 변하는 마음만 있다. 어느 순간도 나의 마음이라고 할 것이 없다.

# 48. 유신견과 업의 지혜

상대가 나를 괴롭힐 때 상대를 미워하고 내가 괴롭다고 생각하면 유신견을 가지고 있기 때문이다. 내가 남에게 호의를 베풀었을 때 상대가 받아들이지 않아 나를 무시한다고 화를 내면 유신견을 가지고 있기 때문이다.

몸과 마음이 나라고 알면 잘못된 견해다. 몸과 마음을 소유하는 자아는 없고 대상을 아는 마음만 있다고 아는 것이 바른 견해다. 상대가 나를 일방적으로 괴롭힌다고 생각하면 업의 지혜가 없기 때문이다.

상대가 나를 괴롭힐 때 과거에 내가 괴롭힌 것을 지금 받고 있다고 생각하면 업의 지혜가 있기 때문이다. 모든 것은 자신이 한 대로 받는다. 유신견은 수다원이 되어야 소멸되고 업의 지혜는 연기를 이해할 때 생긴다.

# 49. 기억으로부터의 자유

과거는 이미 사라졌지만 기억 속에 남아 현재의 마음을 지배한다. 과거의 괴로움은 이미 사라졌지만 기억 속에 남아 현재의 괴로움을 만든다. 누구도 과거에 괴롭지 않은 적이 없기 때문에 괴로움은 현재를 살아가는 모든 사람의 일상의 마음이다.

현재의 괴로움은 꿈에서까지 괴롭힌다. 과거의 괴로움과 현재의 괴로움을 분리하지 못하는 것은 기억 때문이지만 사실은 나의 괴로움이라고 생각하기 때문이다.

내가 있다고 생각하면 과거와 현재를 동일하게 여기며 미래까지 연장시킨다. 기억의 괴로움에서 벗어나 자유를 얻는 단 하나의 출구는 자신의 몸과 마음을 알아차려서 과거를 현재로부터 분리시키는 것이다.

# 50. 소유에서 벗어난 자유

내 몸과 마음은 나의 것이 아니고 내가 아니고 나의 자아가 아니다. 자신의 몸과 마음을 나의 소유라고 알지만 누구도 소유할 수 없다. 몸과 마음은 매순간 일어나서 사라지며 이것을 소유하는 자아가 없다.

내가 소유한다고 아는 것은 오직 자신의 판단이다. 단지 현재의 몸과 마음이 대상을 경험하고 있을 뿐이다. 내 몸과 마음이라면 아프지 않아야 하며 계속 호흡해서 죽지 않아야 하며 무엇이나 내 마음대로 할 수 있어야 한다.

소유에서 자유로워진 지혜가 모든 것을 걸림 없이 소유한다. 내가 무엇도 소유하지 않을 때 너와 내가 없어져 해탈의 자유를 누린다. 내 가족, 지위, 명예, 재산도 한순간에 일어났다 사라지는 물거품과 같다.

# *51.* 마음을 비우려면

마음은 보이지 않아 잡을 수 없다. 마음은 잡을 수 없어 마음대로 할 수 없다. 마음은 보이지 않아 버릴 수 없다. 마음은 보이지 않아 비울 수 없다. 마음은 보이지 않지만 습관대로 움직인다. 습관적인 마음은 과거에 만들어진 원인과 결과의 마음이다.

마음을 잡고, 버리고, 비우려면, 이러한 마음을 있는 그대로 알아차려야 한다. 마음을 알아차리면 그간의 습관이 아닌 습관을 알아차리는 새로운 마음이 일어난다. 이것이 마음을 잡고, 버리고, 비울 수 있는 방법이다.

마음이 마음을 알아차리려면 마음을 알아차리려는 새로운 의도를 내야 한다. 마음을 알아차리려는 의도를 내면 나중에 생긴 마음이 먼저 있는 마음을 알아차리게 된다.

# 52. 칭찬과 충고

칭찬은 사람을 기쁘게 한다. 하지만 칭찬도 지나치면 아첨이 된다. 칭찬도 규범이 있다. 무조건 칭찬을 한다고 해서 다 좋은 것이 아니다. 칭찬에 취하면 아만심이 생기므로 칭찬도 적절해야 한다.

덕이 있으면 칭찬은 하되 아첨은 하지 않는다. 도가 있으면 칭찬에 의기양양하지 않고 칭찬을 듣지 않아도 의기소침하지 않는다. 충고는 사람을 바르게 한다. 하지만 충고도 지나치면 비난이 된다.

충고도 규범이 있다. 무조건 충고를 한다고 해서 다 좋은 것이 아니다. 충고가 지나치면 적개심이 생기므로 충고도 적절해야 한다. 덕이 있으면 충고는 하되 비난을 하지 않는다. 도가 있으면 충고를 약으로 삼아 악습을 개선하고 바른 길로 간다.

## 53. 부조화의 조화

바라는 것이 많은 만큼 괴로움이 많다. 바라지 않고 살 수 없는 세상에서 최소의 만족만 누리려고 해도 이것조차 허용되지 않는 경우가 있다. 그래서 누구나 사는 것이 괴로움이 아닐 수 없다.

세상을 살아가는 일이 혼자서 아무리 노력을 한다 해도 자신의 의지대로 되지 않는다. 세상의 일은 여러 사람들의 조화로 이루어지기 때문이다. 세간의 부조화를 출세간의 조화로 바꾸기 위해서는 어떤 결과도 있는 그대로 알아차려야 한다. 그렇지 않고서는 괴로움을 극복하는 다른 방법이 없기 때문이다.

받아들일 수 없는 결과를 받아들여야 하는 것은 또 다른 괴로움이 아닐 수 없다. 하지만 이 방법이 최선의 길이라면 이 또한 불가피한 일이다.

# 54. 빈손

무엇을 위해 노력하는 것이 가장 최선의 길인가? 빈손이
되기 위해 노력하는 것이 가장 최선의 길이다. 손에 쥔 것
이 있으면 아무 때나 미련 없이 떠날 수 없다. 언젠가 홀연
히 떠나야한다면 빈손이어야 한다.

무엇이나 움켜쥐려는 것이 탐욕이다. 탐욕은 아무리 많이
움켜쥐어도 항상 부족하다. 탐욕은 대상과 떨어지지 않기
때문에 가진 것이 오히려 고통이다. 손에 많은 것을 움켜
쥐면 번뇌가 많고 곤궁하다. 빈손일 때가 번뇌가 없고 풍
요하다.

완전한 자유를 얻으려면 빈손이어야 한다. 빈손은 언제나
진리를 듬뿍 담을 수 있다. 움켜쥔 손에는 어리석음이 있
고 빈손에는 지혜가 있다. 누구나 빈손으로 와서 빈손으
로 떠나야만 한다.

# 55. 유일한 길

욕망이 욕망을 키우고 분노가 분노를 키운다. 괴로움이
괴로움을 키우고 슬픔이 슬픔을 키운다. 두려움이 두려움
을 키우고 걱정이 걱정을 키운다. 무엇이나 자체의 동력
으로 더 커진다. 누구나 이러한 힘의 지배를 받으며 산다.

이것이 어제 오늘의 일이 아니며 지금 이후도 다음 생도
이렇게 살 수밖에 없다. 이렇게 사는 것이 인과응보며 윤
회다. 이러한 굴레에서 벗어나는 유일한 길은 어떤 현상
이나 있는 그대로 알아차리는 것이다. 그런 뒤에 자신의
몸으로 와서 일어나고 꺼지는 호흡을 알아차려야 한다.

이미 생긴 문제에서 완전한 답을 얻을 수는 없다. 자신의
몸과 마음을 알아차려서 고요함을 얻는 것보다 더 뛰어난
해결방법은 없다.

# 56. 몸과 마음의 기능

수행자가 자신의 몸과 마음을 알아차려야 하는 이유는 단순하다. 자신의 몸과 마음으로 인해서 생긴 문제는 오직 자신의 몸과 마음을 통해서만이 해결될 수 있기 때문이다. 자신의 마음이 몸에게 영향을 주며 몸이 마음에게 영향을 준다.

자신의 몸과 마음을 알아차리면 마음이 몸에게 나쁜 영향을 주지 않으며 몸이 마음에게 나쁜 영향을 주지 않는다. 마음은 마음의 영역에서 하는 기능이 있고 몸은 몸의 영역에서 하는 기능이 있다.

몸과 마음이 서로에게 좋은 영향을 주도록 하기 위해서 몸에 관해서는 단지 몸을 알아차리고 마음에 관해서는 단지 마음을 알아차려야 한다. 그렇지 않으면 몸과 마음이 상승작용을 하여 나쁜 결과가 생긴다.

# 57. 감성과 이성

정이 많은 사람은 수행자의 무정함을 이해하지 못한다. 오히려 냉정한 사람이라고 섭섭하게 여길 수 있다. 감성적인 마음으로는 사물이 가지고 있는 이치를 파악할 수 없다. 이성적인 마음으로만 사물의 이치를 파악한다.

사물의 이치를 파악하지 못하면 항상 위험과 괴로움이 따른다. 정에 끌리면 계율을 어기는 위험이 있어 모든 화의 근원이 된다. 수행자는 냉정한 것이 아니고 사물의 옳고 그름을 알아 바르게 판단할 뿐이다. 그러므로 냉정한 것이 아니고 지혜가 있는 것이다.

이성적인 마음일 때만이 정에 겨워 필요이상의 행동을 해서 오는 괴로움은 차단할 수 있다. 이성적인 마음은 냉정한 것이 아니고 오히려 가장 정겨운 마음이다.

# 58. 업의 과보

모든 존재는 자신이 한 행위대로 과보를 받아서 태어난다. 살생하면 다시 태어나서 단명하고, 자비를 베풀고 동정하면 다시 태어나서 장수한다. 살아있는 생명을 해치면 다시 태어나서 병으로 고생하고, 살아있는 생명을 해치지 않으면 다시 태어나서 건강하게 산다.

살면서 화를 내고 악한 의도를 가지고 살면 못생긴 얼굴로 태어나고, 살면서 분노하지 않고 온화한 마음으로 살면 아름다운 얼굴로 태어난다.

질투심이 많으면 다시 태어나서 사회적 지위를 얻지 못하고, 질투심이 없으면 다시 태어나서 사회적 지위를 얻는다. 자선을 베풀지 않으면 가난하게 태어나고, 자선을 베풀면 부자로 태어난다.

# 59. 공평한 결과

의도가 있는 행위를 업이라고 한다. 의도가 있는 행위는
반드시 그에 따른 결과를 받는다. 의도가 없는 행위는 그
에 따른 결과를 받지 않는다. 모든 생명들이 가지고 있는
차이는 매우 공평하다. 자신이 한 행위에 대한 과보를 받
기 때문이다.

고귀하거나 천박하거나 몸이 건강하거나 기형으로 태어나
는 것도 업의 과보로 인한 것이다. 고집이 세고 거만하며
존경할만한 사람을 존경하지 않으면 천박한 가문에 태어
나고, 고집이 세지 않고 거만하지 않으며 존경할만한 사
람을 존경하면 좋은 가문에 태어난다.

학문을 배우지 않고 진리를 탐구하지 않으면 어리석은 자
로 태어나고, 학문을 배우고 진리를 탐구하면 지혜를 가
진 자로 태어난다.

# 옹 달 샘

## 3

## 참된 행복

참된 행복은 외부의 조건으로 이루어지지 않는다.
참된 행복은 내면을 알아차려서 생긴 통찰지혜로 이루어진다.
자신이 얻은 지위와 명예와 재산은 참된 행복을 주지 못한다.
오히려 이러한 외부적 조건이 더 큰 불행을 줄 수 있다.

# 60. 자신의 일

인간으로 태어나는 것도 자신의 업이고, 죽는 것도 자신의 업이다. 즐거움을 만드는 것도 자신의 마음이고, 괴로움을 만드는 것도 자신의 마음이다. 즐거움을 유지하거나 없애는 것도 자신의 마음이 하고, 괴로움을 유지하거나 없애는 것도 자신의 마음이 한다.

어리석으면 선하지 못한 행위를 해서 선하지 못한 과보를 받아 괴로움을 겪을 뿐만 아니라 괴로움을 소멸시킬 줄 모른다. 지혜가 있으면 선하지 못한 과보를 받아 괴로움을 겪더라도 있는 그대로 알아차려서 괴로움을 소멸시킨다.

자신의 문제는 스스로 일으킨 것이므로 누구를 탓할 것 없다. 자신이 시작한 일은 오직 자신에 의해서 유지되고 자신에 의해서 소멸된다.

# 61. 세속과 초세속

씨앗이 발아하여 성장해서 열매를 맺는다. 씨앗은 업이고 열매는 과보다. 씨앗은 원인이고 열매는 결과다. 선한 마음이면 선한 과보가 생긴다. 선하지 못한 마음이면 선하지 못한 과보가 생긴다.

이성적이고 지혜가 원인일 때는 행복, 기쁨, 번영, 건강, 장수와 같은 이익이 생긴다. 본능적이고 어리석음이 원인일 때는 불행, 비참, 슬픔, 빈곤, 질병, 단명과 같은 재난이 생긴다.

업은 도덕적이거나 비도덕적인 세속의 의식으로 원인이다. 과보는 이러한 세속의 의식으로 인해서 생긴 결과다. 하지만 대상을 있는 그대로 알아차려서 지혜가 나면 초세속의 의식이 생겨 업의 뿌리가 소멸한다. 그러면 원인과 결과가 사라진 해탈의 자유를 얻는다.

## 62. 같은 마음

마음을 알아차리는 수행은 자신의 마음을 알아차려서 마음이 가진 성품을 알기 위한 것이다. 마음을 알아차리면 상대의 마음도 자신과 같은 것을 알아 상대를 이해하게 된다. 현재 자신의 마음이 매순간 변하는 것을 모르면 상대의 마음이 매순간 변하는 것을 받아들이지 못한다.

현재 자신의 마음이 괴로움으로 가득 차 있는 것을 모르면 상대의 마음도 똑같은 괴로움으로 가득 차 있는 것을 모른다. 현재 자신의 마음이 자기 뜻대로 되지 않는 것을 모르면 상대의 마음도 상대의 뜻대로 되지 않는다는 것을 몰라 상대를 비난한다.

내 마음이 가진 특성을 상대의 마음도 똑같이 가지고 있다고 알 때 상대를 이해하는 관용이 생긴다.

# 63. 가르치는 자와 배우는 자

가르치는 자와 배우는 자는 서로의 규범이 있다. 각자의
규범이 지켜지지 않으면 바른 가르침과 배움이 이루어지
지 않는다. 가르치는 자는 바른 법을 알기 쉽게 말해야 하
며 상대의 인격을 존중하고 상대가 처한 상황을 이해해야
한다.

또 상대에 대한 선입관 없이 오직 법으로 말해야 한다. 그
리고 자신이 한 말에 대해 상대의 반응에 연연해서는 안
된다. 배우는 자는 법을 배우려는 진지한 마음가짐으로
가르침을 경청해야 한다.

자존심을 가지고 묻거나 들어서는 안 된다. 자신의 견해
와 다른 내용의 말을 듣더라도 반발하지 말고 일단 듣고
이해하려고 노력해야 한다. 새로운 정신세계로 가려면 가
르침을 신뢰하고 자신을 낮추어야 한다.

# 64. 참된 행복

참된 행복은 외부의 조건으로 이루어지지 않는다. 참된 행복은 내면을 알아차려서 생긴 통찰지혜로 이루어진다. 자신이 얻은 지위와 명예와 재산은 참된 행복을 주지 못한다. 오히려 이러한 외부적 조건이 더 큰 불행을 줄 수 있다.

소속된 곳에서의 지위와 누구에게나 존경받는 명예와 풍족하게 살 수 있는 재산은 필요한 것이다. 하지만 이것을 집착할 때는 독이 되어 삶을 통째로 망가뜨릴 수 있다. 이런 외부적 조건을 성숙시켰다고 해도 마음이 헝클어진 머리털과 같거나 항상 불안한 마음으로 인해 가슴이 압박을 받는다면 행복하다고 할 수 없다.

참된 행복은 자신의 몸과 마음을 알아차려서 생긴 지혜로 감각적 욕망에서 해방될 때 온다.

# 65. 문제

문제가 없기를 바라지마라. 사는 것이 문제다. 문제가 해결되었다고 해도 또 문제가 생긴다. 문제가 없을 때는 문제가 없는 것을 문제로 삼는다. 그러므로 탐욕과 성냄과 어리석음과 자아를 가지고 사는 한 누구나 크고 작은 문제에 노출되어 있다.

문제는 내 마음이 일으키고 다시 내가 걸린다. 문제를 푸는 것도 오직 내 마음만 할 수 있다. 이미 생긴 일은 답이 없다. 있는 그대로 받아들이는 것이 답이다. 이것이 문제를 푸는 유일한 길이다.

이미 생긴 일은 해결하려고 하지 마라. 문제의 대상을 있는 그대로 알아차리면 고요함이 생기고 대상을 보는 새로운 시각이 생긴다. 그러면 문제라고 하는 것이 더 문제라는 진실을 알아 자유롭다.

# 66. 업의 이해

업의 법칙은 자기가 행위를 한대로 받는다. 인간이 업의 지배를 받지만 업은 연기의 조건 중의 하나지 전부 업대로 되는 것이 아니다. 모든 것이 업의 적용을 받는다면 인간의 행위는 오직 예정된 길을 갈뿐이지 새로운 삶을 개척할 수 없다.

잘못을 저질렀어도 진심으로 뉘우치면 개과천선을 할 수 있다. 선한 일도 아만심을 가지고 하면 나쁜 과보를 받는다. 오직 업의 지배를 받으면서 살 수밖에 없다면 운명론자가 되어 새로운 삶이 없다.

업의 지혜란 원인과 결과로 인해 생긴 것을 있는 그대로 수용하고 새로운 선행을 해서 새 결과를 받자는 것이다. 업대로만 살지 말고 새로운 선업을 쌓아 새 삶을 사는 것이 업에 대한 바른 이해다.

# 67. 행복을 주는 괴로움

괴로움이 있어 불행을 안다. 괴로움이 있어 행복을 찾는다. 괴로움이 없으면 행복을 찾으려 하지 않는다. 괴로움은 고통을 주지만 행복을 얻게 하는 길잡이의 역할을 한다. 괴로움이 있어 현재의 자각이 일어난다.

괴로움이 있어 자신이 어리석음을 안다. 괴로움이 나를 정신 차리게 한다. 괴로움이 과거의 원인으로 인해 현재의 결과가 생겼다는 지혜가 나게 한다. 괴로움이 있어 즐거움의 참다운 가치를 안다. 괴로움이 없으면 안락함에 빠져 나태함에 헤어나지 못한다.

범부는 괴로움을 극복하는 방법을 몰라 괴로움에서 헤어나지 못하고 신음한다. 성자는 괴로움이 있다는 진리를 알아 욕망을 끊고 모든 번뇌에서 벗어나는 자유를 구가한다.

# 68. 내가 수행을 하는 이유

내가 감각적 욕망에 눈이 멀었을 때는 거미줄에 걸린 곤충처럼 고통스러운 형벌을 받았다. 내가 어리석어서 눈이 멀었을 때는 검은 것을 흰 것으로 보고 흰 것을 검은 것으로 보아 진흙구덩이에 빠져 허우적거리는 형벌을 받았다.

내가 감각적 욕망의 실체를 알아 밝은 눈을 가졌을 때는 거미줄에 걸리지 않는 바람처럼 어떤 번뇌에도 걸림이 없는 자유를 누렸다. 내가 어리석음의 실체를 알아 밝은 눈을 가졌을 때는 바른 것을 바르게 보고 바르지 않은 것을 바르지 않게 보아 어떤 번뇌에도 구속되지 않는 자유를 누렸다.

그러나 나는 아직도 감각적 욕망과 어리석음을 가지고 고통을 겪고 있어 대상을 있는 그대로 알아차리는 수행을 한다.

## 69. 구도자의 이성 관계

구도자가 자신의 번뇌를 소멸시키기 위해 정진할 때 이성 간의 문제가 번뇌가 될 수 있다. 만약 남자가 여자를 대할 때나 여자가 남자를 대할 때는 처음부터 상대를 쳐다보지 말아야 한다.

그러나 이미 쳐다보았을 때는 상대에게 말을 걸지 말아야 한다. 그러나 이미 말을 걸었을 때는 말을 건 것을 알아차려서 경계해야 한다. 구도자라고해서 남녀 간의 관계를 적대시해서는 안 된다. 하지만 상대에게 불필요한 호의를 보여서 친근감을 갖지 않도록 해야 한다.

자신의 감각적 욕망을 위해 구도의 길을 가는 상대에게 괴로움을 주어서는 안 된다. 자신을 보호하면 상대도 보호하게 되므로 먼저 자신을 알아차려서 남까지 보호하도록 해야 한다.

# 70. 초세속적 지혜

인간의 행위는 도덕적으로 옳은 행위가 있고, 그른 행위가 있고, 옳지도 그르지도 않은 행위가 있다. 수행자는 먼저 도덕적으로 옳은 행위를 해서 계율을 청정하게 해야한다. 그러면 마음이 청정해지고 차츰 견해가 청정해져서 지혜가 난다.

그러나 모든 번뇌에서 벗어나는 해탈의 지혜에 이르려면 옳은 행위조차도 알아차려서 벗어나야 한다. 내가 옳은 행위를 했다고 생각하면 아만심이 생겨 바른 견해를 가질수 없다.

해탈의 지혜를 얻기 위해서 옳은 행위에서도 벗어나야 한다면 그른 행위나 옳지도 그르지도 않은 행위에서 벗어나야 하는 것은 당연하다. 초세속적인 지혜는 선한 것이나 선하지 못한 것을 초월한 상태에서만 얻는다.

# 71. 계율

계율은 목적이 아니고 수단이다. 계율은 자신을 위험으로부터 막아서 보호한다. 계율은 자신의 위험뿐만 아니라 남의 위험도 막아서 보호한다. 함께 사는 사회에서는 자신의 문제는 자신으로 그치지 않고 남의 문제까지 연결되어 있다.

어떤 일이나 자신에게 해를 끼치는 행위라면 계율을 어기는 행위다. 자신의 행위가 남에게도 해를 끼친다면 계율을 어기는 행위다. 자신의 행위가 해를 끼쳐 고통을 겪게 된다면 당연히 삼가야 한다.

자신의 행위가 유익하여 즐거움을 준다면 당연히 장려되어야 한다. 계율은 해를 끼치는 행위는 삼가고 유익한 결과를 주는 행위는 더욱 장려하는 것까지 포함한다. 있는 그대로 알아차리는 행위가 계율이다.

# 72. 부모의 의무

부모는 자식이 성장할 때까지 사랑으로 교육시키는 것이 의무다. 부모가 자식을 집착하거나 미워하는 것은 의무가 아니다. 부모는 자식의 성품이 바르거나 바르지 못하거나, 우수하거나 열등하거나 편애하지 않고 보살펴야 한다.

자식이 정상인이거나 장애가 있거나 똑같이 사랑으로 보살펴야 한다. 부모와 자식은 서로의 과보로 만났지만 선업으로 만나기도 하고 악업으로 만나기도 한다. 악업의 과보로 만났어도 새로 선한 업을 만들어 또다시 올 악업의 고리를 끊어야 한다.

자식이 장애가 있을 때는 부모가 받은 과보로 알고 보살펴야 한다. 다만 자식의 장애는 자식의 업으로 인해서 생긴 것이므로 서로를 위해 분리해서 지켜보아야 한다.

# 73. 자식의 도리

자식이 부모에게 정성을 다해 효도하는 것은 의무다. 자식이 부모에게 효도를 하지 않고 불경스럽게 대하는 것은 의무가 아니다. 자식은 자신을 세상에 태어나게 한 부모의 은혜를 아무리 갚아도 다 갚을 수 없다.

여기에 자신을 키워준 은혜까지 더하면 부모의 은혜는 바다보다 더 깊고 산보다 더 높다. 만약 부모가 자식을 학대하거나 제대로 돌보지 않는다면 이것은 부모의 업이므로 자식의 부모에 대한 효도와는 전혀 별개다.

자식은 부모가 자신을 어떻게 대했던 간에 자신의 의무를 다해야 한다. 자식이 부모에게 효도를 한 과보는 온전하게 자신이 받는다. 자식을 돌보지 않은 부모에게 효도를 하면 자식이 더 큰 공덕을 받는다.

# 74. 뿌린 대로 거둔다

콩 심은 데 콩 나고 팥 심은 데 팥 난다. 선한 일을 하면 선한 결과가 생기고 악한 일을 하면 악한 결과가 생긴다. 모든 결과는 원인이 만든다. 자신이 뿌린 씨앗대로 열매를 거둔다.

원인과 결과를 지배하는 자아나 초월적 존재가 없고 오직 자체의 조건이 작용한다. 원인이 결과를 만들며 결과는 원인을 설명한다. 행복할 원인이 있어서 행복한 결과가 있다. 행복한 결과가 행복의 원인을 설명한다.

행복은 어디서 오지 않고 자신의 감각적 욕망을 제어한 지혜에서 온다. 불행할 원인이 있어서 불행한 결과가 있다. 불행한 결과가 불행의 원인을 설명한다. 불행은 어디서 오지 않고 자신의 감각적 욕망을 제어하지 못한 어리석음에서 온다.

## 75. 윤회하는 생명

과거의 내가 현재의 나를 계승하고 현재의 내가 미래의
나를 계승한다. 그렇다고 내가 있어서 그대로 계승되는
것이 아니고 단지 원인과 결과가 진행될 뿐이다. 정신과
물질은 있지만 이것을 소유하는 자아는 없고 오직 조건에
의한 흐름만 있다.

그러므로 과거의 나와 현재의 나는 똑같지도 않으며 그렇
다고 다르지도 않다. 만약 똑같다고 하면 자아가 있어서
상속되는 것이고 모든 것이 변하는 무상과 상치된다. 다
르다고 하면 원인과 결과를 부정하는 것이고 모든 것이
한 번으로 그친다는 단멸론에 빠진다.

이처럼 원인과 결과로 상속되는 생명은 영원히 행복을 누
릴 수도 없고 그렇다고 영원히 불행을 겪지도 않고 조건
에 따라 흘러간다.

# 76. 승리하는 길

인간은 자연현상계에 살고 있으므로 현상계의 질서를 따라야 바르게 산다. 현상계의 질서를 따르면 괴롭지 않고 따르지 않으면 괴롭다. 현상계는 한순간도 가만히 있지 않고 끊임없이 일어났다가 사라진다.

무엇도 생성과 소멸의 질서를 벗어날 수 없다. 인간으로 태어나서 성장을 위해 살지만 태어남은 이미 죽음을 향해 가고 있다. 모든 생명은 바람에 사라지는 연기처럼 햇빛에 사라지는 이슬처럼 사라진다.

어떤 것도 죽음과 맞서 싸워서 이길 수 없다. 오직 현상계의 질서를 뛰어넘는 깨달음만이 죽음과 싸워 승리한다. 몸과 마음을 알아차려 욕망이 소멸하면 다시 태어나지 않는다. 이것이 죽음과 싸워서 승리할 수 있는 유일한 길이다.

# 77. 지고(至高)의 행복

여섯 가지 감각기관으로 경험하는 모든 느낌은 괴로움이
다. 누구나 욕망을 가지고 살기 때문에 항상 행복을 원한
다. 그러나 세상은 자기 뜻대로 되지 않아서 욕망을 충족
시킬 수 없다.

욕망이 충족되었다고 해도 더 큰 욕망을 충족하려고 해서
괴로움이 끊이지 않는다. 그러므로 인간은 구조적으로 행
복할 수 없다. 이것이 괴로움이 있다는 진리다. 완전한 행
복은 탐욕과 성냄과 어리석음이란 번뇌가 불타서 생기는
열반에서만 있다.

열반은 무아의 지혜가 나서 모든 집착이 끊어진 초세속의
정신적 상태다. 이 순간 감각기관으로 인식되는 모든 기
능이 정지된다. 열반의 행복은 감각기관으로 경험하지 않
기 때문에 지고의 행복이라고 한다.

# *78.* 괴로울 때

괴로울 때는 마음이 괴로워하므로 괴로워하는 마음을 알아차리십시오. 그런 뒤 괴로운 마음으로 인해서 생긴 가슴의 느낌을 알아차려야 합니다. 거친 느낌이 약해지면 다음에 호흡을 알아차리십시오.

괴로울 때 괴로운 마음을 알아차리고 느낌과 호흡을 알아차리는 것이 가장 훌륭한 치유방법입니다. 괴로움을 피하려고 하거나 없애려고 하면 괴로움이 더 커집니다. 괴로운 마음을 알아차리는 새 마음이 일어나면 있던 괴로움은 사라집니다.

하지만 괴로움이 완전하게 소멸한 것은 아닙니다. 괴로움을 알아차리는 순간 괴로움이 일시적으로 숨습니다. 그러다 알아차림이 약해지면 괴로움이 다시 나타나므로 대상을 계속해서 알아차려야 합니다.

# 79. 즐거울 때

즐거울 때는 마음이 즐거워하고 있습니다. 이때 즐거워하는 마음을 알아차리십시오. 그런 뒤 즐거워하는 마음으로 인해서 생긴 가슴의 느낌을 알아차려야 합니다. 거친 느낌이 약해지면 다음에 호흡을 알아차리십시오.

즐거울 때 즐거운 느낌을 알아차리지 못하면 감각적 욕망이 일어납니다. 욕망은 괴로움을 일으키는 원인입니다. 즐거움은 일어난 순간에 사라지기 때문에 항상 즐거울 수 없습니다. 그러나 즐거움에 빠지면 언제나 즐겁기를 바랍니다. 그래서 즐거움이 욕망을 일으켜 괴로움의 원인이 됩니다.

그렇다고 즐거움을 배척하라는 것이 아닙니다. 즐거움을 집착하여 욕망을 일으키지 않아야 순수한 즐거움을 느낄 수 있습니다.

# 80. 덤덤할 때

덤덤할 때는 마음이 덤덤한 상태로 있습니다. 이때 덤덤
한 마음을 알아차리십시오. 그런 뒤 덤덤한 마음으로 인
해서 생긴 가슴의 느낌을 알아차려야 합니다. 느낌을 알
아차린 다음에 호흡을 알아차리십시오.

덤덤한 마음을 알아차리지 못하면 어리석음과 나태함에서
빠져나오지 못합니다. 덤덤한 마음은 즐겁지도 괴롭지도
않은 느낌입니다. 이러한 느낌은 무관심한 마음이라서 무
지의 상태입니다.

덤덤한 마음은 이끼가 잔뜩 덮인 물과 같아 빛이 없는 어
둠입니다. 덤덤한 마음을 알아차리지 못하면 무지의 상태
로 삽니다. 덤덤한 마음을 알아차리면 중도의 마음이 되
어 통찰지혜가 계발됩니다. 오직 지혜만이 고통의 바다를
건너게 합니다.

# *81.* 법*(法.* Dhamma*)*

있는 그대로의 사실을 법(法)이라고 한다. 깨달음이란 없는 것을 발견하는 것이 아니고 원래 있는 진실을 발견하는 것이다. 이러한 진실을 발견하는 것의 목표는 오직 괴로움에서 벗어나는 것에 맞춰져있다. 태어나서 늙고 병들어 죽는 것이 모두 괴로움이기 때문이다.

있는 그대로의 진실은 세 가지다. 첫째, 모든 것은 원인과 결과로 일어나고 사라지는 무상의 성품을 가지고 있다. 둘째, 심신의 괴로움과, 변화로 인해서 오는 괴로움과, 오온을 가진 괴로움이 있다. 셋째, 이것을 소유하거나 마음대로 할 수 있는 자아가 없고 무아다.

이상 세 가지 법을 발견하면 덧없고 괴롭고 무아의 지혜나 모든 집착이 소멸한 해탈의 자유를 얻는다.

# 82. 과거와 현재

누구나 과거를 가지고 산다. 과거로부터 현재로 왔기 때문이다. 과거는 현재가 아니라서 실재가 아닌 관념이다. 관념의 세계에서는 대상의 성품을 꿰뚫어보는 지혜가 생기지 않아 괴로움에서 벗어나기 어렵다.

과거의 기억에 머물면 아쉬움과 후회로 인해 괴로움을 겪는다. 과거를 알아차려서 반성하는 것은 필요하지만 과거의 일로 후회하면 현재도 괴롭고 미래도 괴롭다. 반성은 새로운 미래가 있지만 후회는 새로운 미래가 없다.

언제나 과거의 일을 생각했을 때는 과거를 생각한 마음을 알아차려야 한다. 그런 뒤에 가슴으로 와서 느낌을 계속해서 알아차려야 한다. 거친 느낌이 미세해지면 호흡을 알아차려서 항상 현재에 머물러야 한다.

# 83. 눈 밝은 자의 법

존재하는 생명의 특성은 무상, 고, 무아다. 세 가지 사실은 모든 생명이 가진 있는 그대로의 진실이라서 법이다. 법을 발견하고 진리대로 살면 어떤 위험과 괴로움에도 빠지지 않는다. 이 법은 해탈의 수단이며 해탈 그 자체다.

모든 괴로움은 어리석음과 욕망으로 인해 생긴다. 그러나 세 가지 법을 아는 지혜가 나면 모든 것이 무상하므로 집착할 것이 없다. 원래 괴로움이 있는 것이므로 그대로 받아들여 극복한다. 몸과 마음이 나의 것이 아니고 내가 아니고 나의 자아가 아니므로 집착할 것이 없다.

법은 깨달은 자에 의해 발견되지만 깨달음 이전에도 있었으며 이후에도 항상 있다. 오직 눈 밝은 자가 법을 발견하고 모든 괴로움을 끝낸다.

# 84. 완전한 성취

극단적인 투쟁은 지성을 나약하게 하여 바른 결과를 얻을 수 없다. 투쟁으로 얻는 승리는 완전한 승리가 아니다. 투쟁한 만큼 난폭한 마음이 커져 스스로를 더 고통스럽게 한다. 극단적인 마음은 무지하고 유익하지 않아 바른 법을 얻지 못한다.

감각적 욕망은 사람의 정신적 발전을 퇴보시켜 바른 결과를 얻을 수 없다. 욕망으로 얻은 결과는 완전한 소유가 아니다. 욕망은 얻으려한 만큼 더 커져서 욕망의 노예가 된다. 욕망으로 얻은 것은 한순간만 있고 다음에는 더 큰 것을 바라기 때문에 괴로운 결과만 있다.

투쟁으로 얻지 않고 욕망으로 얻지 않을 때만이 바르게 성취한다. 대상을 있는 그대로 알아차려야만 완전하게 성취할 수 있다.

## 85. 나를 괴롭히는 것

무엇이 나를 괴롭히는가? 대상을 있는 그대로 보지 못하고 어리석음으로 보고 욕망으로 움켜쥐는 것이 나를 괴롭게 한다. 무엇이 나를 괴로움에서 벗어나게 하는가? 대상을 있는 그대로 보아 지혜를 얻고 욕망 없이 관용으로 베푸는 것이 나를 괴로움에서 해방시킨다.

무엇이 나를 괴로움뿐인 세상에 태어나게 하는가? 어리석음과 욕망이 나를 태어나게 한다. 무엇이 나를 다시 태어나지 않게 하여 괴로움이 없도록 하는가? 지혜가 있고 욕망이 끊어져 집착하지 않는 것이 나를 다시 태어나지 않게 한다.

어리석음과 욕망에서 괴로움이 생기고 두려움이 나온다. 어리석음과 욕망에서 벗어나 지혜와 관용이 생길 때 괴로움과 두려움이 없다.

# 86. 과보를 받을 내가 없다

과거의 행위를 원인으로 현재의 결과가 있다. 다시 현재의 원인으로 미래의 결과가 있다. 이처럼 모든 것은 원인과 결과로 상속된다. 이러한 흐름에 원인과 결과만 있지 나는 없다. 원인을 일으킨 순간의 몸과 마음만 있지 이것이 나의 몸과 마음이 아니다.

과거에 행위를 한 자아가 없고 오직 인과응보의 흐름만 있으므로 과거에 한 행위는 내가 한 행위가 아니다. 그러므로 현재 과보를 받을 나도 없다. 오직 순간순간의 정신과 물질이 원인과 결과로 상속되는 과정만 있다.

모든 즐거움과 괴로움은 내가 느끼는 것이 아니고 단지 감각기관이 느낀다. 느낌은 일어난 순간 사라지지만 내가 있다고 생각하면 느낌의 멍에를 매고 간다.

# 87. 하늘만큼 땅만큼

하늘은 비가 오고 눈이 내리거나 바람이 불고 새가 나는
것을 거부하지 않고 있는 그대로 받아들인다. 하늘과 같
은 마음을 가지면 칭찬을 받을 때도 있는 그대로 받아들
여서 집착하지 않고 비난을 받을 때도 있는 그대로 받아
들여서 감내한다.

땅은 깨끗한 것이든 더러운 것이든 어떤 것도 거부하지
않고 있는 그대로 받아들인다. 땅과 같은 마음을 가지면
즐거움도 있는 그대로 받아들여서 집착하지 않고 괴로움
도 있는 그대로 받아들여서 감내한다.

모든 것을 하늘만큼 땅만큼 받아들이면 더 이상 세속의
더러운 번뇌에 물들지 않고 청정하게 산다. 하늘만큼 땅
만큼 받아들이는 것이 하늘보다 더 높게 땅보다 더 넓게
사랑하는 것이다.

# 88. 최후에 얻는 것

모르는 마음으로 숨 가쁘게 달려가서 이르는 것은 죽음이다. 모르고 죽으면 살면서 얻은 모든 것을 버려야 한다. 그러니 얻어도 얻은 것이 아니다. 아는 마음으로 천천히 가도 이르는 것은 죽음이다.

알고 죽으면 살면서 얻은 모든 것의 가치를 가지고 죽는다. 그러니 바르게 얻은 것이다. 모르는 마음은 어리석음이고 아는 마음은 지혜다. 어리석음이 눈을 가리면 대상의 성품을 보지 못해 모두 버려야 할 것들을 움켜쥐려고만 한다.

움켜쥐는 마음이 미래 생을 만들어 괴로움을 지속시킨다. 지혜로 눈을 뜨면 대상의 성품을 보아 모두 버려야 할 것들을 집착하지 않는다. 집착하지 않는 마음이 미래 생을 만들지 않아 괴로움에서 벗어난다.

# 89. 보이지 않는 힘

보이는 것들 속에 보이지 않는 힘이 있다. 보이는 것만 보려고 하면 현상계를 바르게 알지 못한다. 보이는 것을 이끄는 보이지 않는 것까지 볼 수 있어야 비로소 현상계를 바르게 알 수 있다.

보이는 몸에는 항상 보이지 않는 마음이 있다. 몸을 볼 때 탐욕 없이 보고, 성냄 없이 보고, 어리석음 없이 볼 때 보이지 않는 마음이 있는지 알 수 있다. 이처럼 몸을 볼 때 있는 그대로 보지 않으면 몸을 이끄는 마음을 알 수가 없다.

몸을 통해서 드러난 느낌과 기억과 의도를 있는 그대로 볼 때 이것들을 일으키게 하는 마음을 알 수가 있다. 보이는 몸만 보는 것으로는 자신을 알 수 없다. 보이지 않는 마음을 알 때 자신에 대한 탐구가 완성된다.

# 90. 궁극의 목표

바른 삶을 살고자 하는 사람의 궁극의 목표는 깨달음이다. 깨달음은 자신의 몸과 마음을 있는 그대로 알아차려서 무상, 고, 무아를 아는 것이다. 존재하는 생명의 특성인 세 가지 진리를 알게 되면 무명과 갈애에서 벗어나 괴로움에서 해방된다.

수행자는 처음에 자신의 몸과 마음을 있는 그대로 알아차리면 원인과 결과를 발견한다. 다음에 몸과 마음에 있는 느낌이 발견되고 매순간 변하는 느낌으로 인해 대상을 분리해서 알아차리게 된다. 이때 찰나삼매가 생겨 대상의 성품인 무상, 고, 무아를 아는 지혜가 난다.

이러한 통찰지혜가 나면 맨느낌에서 갈애로 넘어가지 않아 느낌과 갈애가 소멸한다. 이것이 팔정도며 이 도가 열반으로 이끈다.

# 옹 달 샘

*4*

## 행복과 불행

무엇이 행복으로 이끌며 무엇이 불행으로 이끄는가?
도덕적인 생활을 하여 계율을 지키는 것이 행복으로 이끌며
도덕적인 생활을 하지 않아 계율을 지키지 않는 것이 불행으로 이끈다.

# 91. 의식의 겹과 면담

의식은 무수한 겹이 있다. 의식의 겹을 하나씩 벗길 때마다 인간의 진실을 안다. 마음을 알아차려서 의식의 겹을 벗기는 것이 어리석음에서 지혜로 가는 과정이다. 의식의 겹을 다 벗기면 의식은 실체가 없다는 무아를 안다. 이러한 진실을 알려면 스승의 가르침을 읽고 들어야 한다.

그리고 바른 사유를 하고 가르침대로 실천해야 한다. 마지막으로 실천한 내용과 결과를 스승에게 보고해야 한다. 스승에게 보고하는 과정을 거치지 않으면 진실에 접근하지 못한다.

누구나 자기 습관대로 생각하기 때문에 바르게 실천하기 어렵다. 아직 가보지 않은 정신세계는 어떤 것이 바른지 알 수 없으므로 반드시 경험이 있는 스승의 점검이 필요하다.

# 92. 최고의 법

최고의 법은 모든 번뇌를 끊는 무상, 고, 무아다. 최고의 법이 있어도 인연이 없으면 만나지 못한다. 최고의 법을 만나도 지혜가 없으면 알지 못한다. 최고의 법이 있어도 노력하지 않으면 계발하지 못한다.

최고의 법이 있어도 자신이 알지 못하면 없는 것이다. 최고의 법은 현상계의 질서며 인간의 몸과 마음에 그대로 투영되어 있다. 최고의 법은 그냥 발견되는 것이 아니고 바라밀 공덕의 결과로 발견한다.

최고의 법은 몸과 마음을 있는 그대로 알아차릴 때 얻는 더 이상 다다를 것이 없는 궁극의 진리다. 궁극의 진리를 발견하면 욕망이 끊어져 모든 번뇌가 사라진 열반에 이른다. 궁극의 진리를 대표하는 무아는 모든 법의 정점에 있다.

# 93. 바른 법

바른 지도자는 남을 바꾸기 위해 가르치지 않습니다. 단지 이런 법이 있다는 것을 알리기 위해 말합니다. 만약 바꾸기 위해서 말한다면 상대가 말한 내용대로 받아들이기를 원합니다. 그러다 상대가 받아들이지 않으면 괴로움을 겪습니다.

단지 자신이 필요해서 말하면 상대에게 바라는 것 없이 말합니다. 이럴 때만이 아만심이 생기지 않으며 상대의 어떤 태도에도 걸리지 않습니다. 받아들이고 받아들이지 않는 것은 오직 상대의 일입니다.

모든 생명은 먼저 자신의 생존을 위해 있습니다. 자신의 생존이 바를 때 더불어 남에게 이익을 줄 수 있습니다. 자신의 생존이 바르지 못하면 자신의 괴로움은 물론 남에게도 괴로움을 줍니다.

## 94. 행복과 불행

무엇이 행복으로 이끌며 무엇이 불행으로 이끄는가? 도덕적인 생활을 하여 계율을 지키는 것이 행복으로 이끌며 도덕적인 생활을 하지 않아 계율을 지키지 않는 것이 불행으로 이끈다.

선한 행동을 하여 선업의 공덕을 쌓아야 행복으로 이끌며 선하지 못한 행동을 하여 선한 공덕을 쌓지 못하면 불행으로 이끈다. 대상을 있는 그대로 알아차려서 정견을 가져야 행복으로 이끌며 대상을 있는 그대로 알아차리지 않고 사견을 가지면 불행으로 이끈다.

들뜨지 않고 평정의 고요함을 얻으면 행복으로 이끌며 들떠서 평정의 고요함을 얻지 못하면 불행으로 이끈다. 지혜를 얻는 것이 행복으로 이끌며 어리석음에 빠지는 것이 불행으로 이끈다.

# 95. 행복과 불행 만들기

욕망을 가지고 무리한 계획을 세우지 않아서 남에게 빚을
지지 않으면 행복하고, 욕망을 가지고 무리한 계획을 세워
서 남에게 빚을 지면 불행하다. 행실이 바르면 남으로부터
칭찬을 받아 행복하고, 행실이 바르지 못하면 남으로부터
비난을 받아 불행하다.

음식을 때가 아닌 때 먹지 않고 항상 알맞게 먹으면 행복
하고, 때가 아닌 때 먹고 항상 많이 먹으면 불행하다. 남
이 알아주기를 바라지 않고 열심히 노력하면 행복하고,
남이 알아주기를 바라고 게으르면 불행하다.

지혜로운 사람과 사귀면서 관대한 마음으로 남에게 베풀
면 행복하고, 어리석은 사람과 사귀면서 남에게 베풀지
못하고 인색하면 불행하다.

## 96. 행복과 불행의 조건

존경하는 인물이 있으면 행복하고, 미워하는 인물이 있으면 불행하다. 바른 직업을 가지면 행복하고, 계율을 어기는 직업을 가지면 불행하다. 부모에게 효도하고 가족과 화목하면 행복하고, 부모에게 불효하고 가족과 갈등을 겪으면 불행하다.

자신의 관대함을 앞세우면 행복하고, 자신의 이기심을 앞세우면 불행하다. 자신을 낮추고 겸손하면 행복하고, 자신을 높이고 교만하면 불행하다. 숙련된 기능을 가지고 있으면 행복하고, 숙련된 기능이 없으면 불행하다.

선한 공덕을 쌓으면 행복하고, 선한 공덕을 쌓지 못하면 불행하다. 몸과 마음을 알아차려서 출세간을 살면 행복하고, 몸과 마음을 알아차리지 못해 세속의 일에 빠져 살면 불행하다.

# 97. 행복과 불행의 차이

마음가짐이 바르고 몸의 자세가 바르면 행복하고, 마음
가짐이 바르지 못하고 몸의 자세가 바르지 못하면 불행하
다. 선심인 관용, 자애, 지혜가 있으면 행복하고, 불선심
인 탐욕, 성냄, 어리석음이 있으면 불행하다.

몸의 자세가 바르면 건강해서 행복하고, 몸의 자세가 바
르지 못하면 병이 생겨 불행하다. 마음이 현재에 머물러
몸과 마음을 알아차리면 행복하고, 마음이 지나간 과거나
아직 오지 않은 미래에 머물러 고정관념으로 생각하면 불
행하다.

바른 가르침을 듣고 수행을 하면 행복하고, 바른 가르침
을 듣지 않고 수행을 하지 않으면 불행하다. 불행을 있는
그대로 알아차리면 행복하고, 행복을 있는 그대로 알아차
리지 못하면 불행하다.

# 98. 내가 그리던 곳

내가 그리던 곳으로 진리를 구하러 갔지만 정작 진리는 내 몸과 마음에 있었다. 내가 그리던 곳에 가 스승을 만났지만 스승의 가르침은 단지 자신의 몸과 마음을 알아차리는 것이었다.

내가 그리던 곳에 가 괴로움을 여의고 행복을 얻으려 했지만 괴로움을 여읜 행복은 내 몸과 마음에 있었다. 내가 그리던 곳에 가 스승을 만나 행복을 얻으려고 했지만 결국 돌아온 곳은 내 몸과 마음이었다.

내 몸과 마음을 떠나서는 세상이 없다. 내 몸과 마음을 가지고 살면서 생긴 문제는 오직 자신의 몸과 마음을 통해서만이 해결할 수 있다. 내 몸과 마음을 알아차려서 무상, 고, 무아의 지혜를 얻을 때만이 해탈의 자유를 얻는다.

# 99. 방황하는 나그네

인간은 방황하는 나그네라서 완성된 사람으로 보아서는 안 된다. 누구나 불행을 향해서 가는 과정과 행복을 향해서 가는 과정 속에서 살고 있다. 어리석음이 많은 사람은 바르지 못한 행위를 해서 스스로 불행을 만든다.

지혜가 많은 사람은 바른 행위를 해서 스스로 행복을 만든다. 어리석은 사람이라고 해서 반드시 어리석은 행위를 하는 것만은 아니다. 어리석은 사람이 훌륭한 가르침을 듣고 그대로 실천하는 수행을 하면 지혜가 증장되어 행복을 얻는다.

지혜가 있는 사람이라고 해서 반드시 바른 행위를 하는 것만은 아니다. 지혜가 있는 사람이 훌륭한 가르침을 잊어버리고 감각적 욕망을 가지고 살면 어리석음이 생겨 불행이 온다.

# 100. 바른 삶

물질이 우선인 세상에서는 정신이 황폐해져 인간이 사는 세상이라고 할 수가 없다. 권력이 우선인 사회에서는 정의가 실종하여 인간이 사는 세상이라고 할 수가 없다. 사상이 우선인 사회에서는 지성이 나약해져 인간이 사는 세상이라고 할 수가 없다.

인간답게 사는 길은 물질이 모든 것을 지배하지 않는 세상이다. 권력의 시녀가 되어 비굴하지 않아야 한다. 사상의 논리에 빠져 서로 배척하지 않아야 한다. 세간의 오염을 극복하고 살려면 출세간의 수행자로 사는 길밖에 없다.

무엇이나 있는 그대로 알아차려야 세속의 온갖 일들에 휩쓸리지 않는다. 무엇이나 대상으로 알아차려야 정신을 고양시키고 정의를 구현하며 지성을 충만하게 한다.

# 101. 아름다운 세상

사람의 생각은 사람의 숫자만큼이나 서로 다르다. 모든 사람이 전부 똑같은 마음을 가질 수 없다. 어떤 일이나 큰 틀에서는 같은 생각을 할 수는 있어도 세부적으로는 저마다의 마음이 다르다.

모든 생명은 자신이 한 행위에 따른 과보를 받아 결코 같은 모양과 같은 생각을 할 수 없다. 만약 같은 것만 있다면 현상계의 질서가 아니라서 세상의 일이 아니다. 사람의 성별과 사상과 출신과 종교의 다름은 배척의 대상이 아니고 존중의 대상이다.

꽃의 모양과 향기가 모두 다른 것처럼 다름은 존중되어야 한다. 사람들은 서로가 경쟁적인 위치에 있지 않고 함께 살아가야 할 동반자다. 서로의 다름이 조화를 이룰 때가 가장 아름다운 세상이다.

# 102. 사람의 마음

가장 믿을 수 있는 것이 사람의 마음이고, 가장 믿을 수 없는 것도 사람의 마음이다. 마음은 조건에 의해 매순간 일어나고 사라지기 때문에 반드시 자신이 원하는 대로 할 수 없다.

마음은 과거의 행위로 인해서 생긴 과보가 작용하므로 모든 것을 자신의 의지대로 할 수 없다. 하지만 어떤 마음가짐인가에 따라 믿을 수 있는 마음과 믿을 수 없는 마음이 있다. 믿을 수 있는 마음은 무상, 고, 무아를 아는 지혜가 있는 마음이다.

지혜가 있으면 확신에 찬 믿음이 있어 흔들리지 않으므로 믿을 수 있다. 믿을 수 없는 마음은 무상, 고, 무아를 모르는 어리석은 마음이다. 어리석으면 확신에 찬 믿음이 없어 매순간 흔들리므로 믿을 수 없다.

# 103. 평정(平靜)

대상을 있는 그대로 알아차리면 여러 가지 과정을 거쳐 평정의 단계에 이른다. 좋아하지도 싫어하지도 않고 집착하지도 혐오하지도 않으면 마음이 평온해 진다.

이와 같은 고요함에 이르면 이익과 손실에서 자유롭고, 명예와 불명예를 집착하지 않고, 칭찬과 비난에 걸리지 않으며, 행복과 불행에서 벗어난다. 이러한 마음은 단순한 무관심이나 중립적인 상태가 아니다. 선이나 악이나 똑같이 하나의 대상으로 알아차려서 균형을 이룬다. 이때가 되어야 사랑과 미움에서 벗어난 완전한 사랑을 한다.

하지만 이 단계가 깨달음은 아니다. 사마타 수행을 하면 이 단계에 머물러 윤회를 한다. 위빠사나 수행을 하면 지혜를 얻어 윤회가 끝난다.

# 104. 유기적인 마음

화를 내는 마음은 미워하고, 싫어하고, 분노하고, 질투하고, 인색한 마음이다. 화를 내는 마음은 선하지 못한 마음 중에서 제일 먼저 나타나 항상 문제를 촉발시킨다. 화를 내는 마음이 있을 때는 단지 화를 내는 마음만 있는 것이 아니다.

화를 낼 때는 항상 탐욕이 도사리고 있다. 그러므로 탐욕이 없으면 화를 내지 않는다. 화를 내는 것이 습관이 되면 반드시 대상을 집착하는 탐욕도 함께 성장한다.

성냄과 탐욕이 있을 때는 두 가지 마음만 있는 것이 아니다. 화를 내고 탐욕을 부리는 마음이 있을 때는 이것을 조정하는 어리석은 마음이 도사리고 있다. 불선심은 유기적으로 연결되어 있어서 어느 마음이나 알아차리면 함께 소멸한다.

# *105. 어리석은 일*

자기가 한 일에 감탄하지 마라. 자기가 한 일에 도취되는 것처럼 어리석은 일이 없다. 선한 일을 한 것은 당연히 해야 할 일을 한 것이다. 선한 일을 한 것에 만족하는 것은 좋으나 스스로 도취되면 자신을 과신하게 된다.

자기가 한 일을 비하하지 마라. 자기가 한 일을 비하하는 것처럼 어리석은 일이 없다. 불선한 일을 한 것은 모르기 때문에 한 일이다. 불선한 일을 한 것을 알아차리는 것으로 그쳐야지 자신을 비하하면 같은 일을 되풀이 한다.

자기가 선한 일을 했거나 선하지 못한 일을 했거나 내가 있어서 한 것이 아니다. 모두 그 순간의 마음이 한 일이다. 단지 앞선 마음이 한 일을 뒤에 일어난 마음이 알아차리기만 하면 된다.

# 106. 번잡함과 고독함

세상 사람의 번잡함은 단지 알아차릴 대상이다. 세상 사람들은 저마다의 소리를 낸다. 내가 여기에 있다고 외치고, 내가 최고라고 외친다. 모두 이익을 얻기 위해 노력하지만 언제나 돌아오는 것은 불만족과 허무함이다.

최고가 되고 이익을 얻었다고 해도 결코 자신의 욕망을 충족시킬 수는 없다. 하지만 대상을 있는 그대로 알아차리면 모든 번잡함에서 벗어날 수 있다. 자신의 고독함은 단지 알아차릴 대상이다. 가족과 이웃과 어울려 산다고 해도 언제나 혼자뿐이다.

혼자 태어나서 혼자 살다가 혼자 죽는 과정에는 고독함이 있다. 고독함을 알아차려서 자신을 지켜내면 존재의 특성을 아는 무아의 지혜나 해탈의 자유를 얻는다.

# 107. 진실이 행복이다

완전한 행복은 최상의 진실인 무상, 고, 무아의 지혜가 날 때 얻는다. 진실은 항상 몸과 마음에 드러나 있지만 오직 지혜가 있는 자만 알 수 있다. 진실은 어느 때고 진실을 알고자 하는 사람에게만 드러난다.

진실이 있어도 알고자 하는 의지가 없으면 알 수 없다. 진실을 알아 그대로 실천하면서 살아야 괴로움을 여의고 행복을 얻는다. 세상을 살면서 생긴 수많은 괴로움은 모두 진실을 모르는 어리석음 때문에 생긴 결과다.

세상을 살면서 진실을 알아 선한 행위를 하는 것보다 더 중요한 일은 없다. 진실은 어떤 장소에 있지 않고 스승의 말씀은 진실을 아는 방법이다. 진실은 자신의 몸과 마음에 있으며 항상 와서 보라고 드러내고 있다.

# 108. 죽음과 재생의 마음

죽을 때의 마음의 상태에 따라 다시 태어나지 않거나 다음 생의 마음으로 이어져 다시 태어난다. 죽을 때의 마음에 욕망이 없으면 다시 태어날 원인이 사라져 윤회가 끝난다.

죽을 때의 마음에 욕망이 있으면 이 마음을 원인으로 다음 생의 마음이 생기는 결과가 있어 윤회가 계속된다. 이때 앞선 마음과 뒤에 일어난 마음은 같은 마음이 아니다. 마음은 매순간 일어나고 사라지기 때문에 앞선 마음은 죽음의 마음이고 뒤에 일어난 마음은 재생의 마음이다.

죽음의 마음이 어떤 마음이냐에 따라 재생의 마음이 결정된다. 재생의 마음에 따라 태어나는 세계와 과보를 받은 몸이 생긴다. 이처럼 새로운 생명은 죽음의 마음에서부터 시작된다.

# 109. 의지처

괴로운 삶에서 해방되기 위해서는 자기 마음을 정화하는
노력을 해야 한다. 마음을 정화하기 위해서는 자신의 몸
과 마음을 대상으로 알아차려야 한다. 몸과 마음을 알아
차릴 때는 있는 그대로 알아차려야 한다.

자기 몸과 마음이 아닌 어떤 존재에게 빌거나 의지해서는
결코 바른 법을 볼 수 없다. 고통의 바다에서 의지할 유일
한 섬은 오직 자신의 몸과 마음이다. 자기 몸과 마음을 알
아차리는 내적 통찰만이 자신을 구출할 수 있는 가장 확
실한 섬이다.

자신의 몸과 마음이 아닌 다른 대상을 의지처로 삼아서는
안 된다. 자신의 몸과 마음을 의지처로 삼고, 있는 그대로
알아차리는 법을 의지처로 삼을 때만이 피안에 도달한다.

# 110. 나이가 든 어린아이

내가 나이 든 어린아이가 아닌지 살펴봐야 한다. 어린아이는 철이 없어 항상 투정을 부린다. 그리고 오직 자신의 목적을 달성하는 것밖에 모른다. 순수한 갓난아이로 태어나 성장하는 과정이 온통 자아를 강화하는 기간을 거치면서 굳건한 자기 성을 쌓는다.

이런 과정을 알아차리지 못하면 성인이 되어도 어린아이의 습성을 그대로 가지고 있다. 이런 사람은 나이가 든 철 없는 어린애로 산다. 어린아이는 어떤 일이나 '나는 좋고', '나는 싫다' 고 단순하게 반응을 한다.

만약 성인이 되어서도 이렇게 산다면 성인이 된 어린아이다. 철없는 어린이가 철이 든 성인이 되려면 좋을 때 좋은 것을 알아차리고 싫을 때 싫은 것을 알아차려야 한다.

# *111. 천박한 마음*

물질의 이익에 따라 움직이는 마음은 천박하다. 천박한
마음을 가지면 숭고한 정신을 가질 수 없다. 집단의 이익
에 따라 움직이는 마음은 천박하다. 천박한 마음을 가지
면 고귀한 이상을 실현할 수 없다.

무엇이 천박한 마음으로 숭고한 정신과 고귀한 이상을 실
현할 수 없게 하는가? 자기 어리석음과 욕망과 자아가 천
박한 마음을 갖게 한다. 자기의 천박한 마음이 일으킨 대
가는 고스란히 자신이 받는다.

물질의 이익만 추구하면 어리석음과 욕망의 노예로 산다.
정신의 이익을 추구하면 지혜와 관용을 가져 해탈의 자유
를 얻는다. 물질을 집착하면 본능대로 살아 천박하지만
숭고한 정신을 가지면 스스로를 해방시켜 행복을 얻는다.

# 112. 과거의 잘못

잘못 산 날을 잘못 산 날로 그치게 하여 불선과보를 받아 괴로움을 겪을 것인가? 잘못 산 날을 잘못 산 날로 두지 않고 있는 그대로 알아차려서 선과보를 받아 행복을 얻을 것인가? 선택은 오직 자신만 할 수 있다.

어리석으면 과거의 잘못을 알아차리지 못해 괴로움의 출구를 찾지 못하고 같은 잘못을 저질러 현재도 괴롭고 미래도 괴롭다. 과거의 잘못으로 인해 현재 괴로운 것은 와서 보라고 나타난 현상이라서 법이다.

나타난 현상을 대상으로 알아차리면 과거와 같은 일을 되풀이 하지 않는다. 하지만 과거의 잘못을 자책하거나 한탄하는 것으로는 치유가 어렵다. 오직 있는 그대로 알아차려서 지혜가 나야 한다.

## 113. 두는 알아차림과 있는 알아차림

대상을 있는 그대로 알아차리면 모든 번뇌로부터 보호된다. 알아차릴 때만이 고요함이 생기고 통찰지혜가 나 해탈의 자유를 얻는다. 알아차림은 깨어서 대상을 지켜보는 도덕적인 행위로 청정한 마음가짐이다.

알아차림은 '두는 알아차림'과 '있는 알아차림'이 있다. 처음에 두는 알아차림을 하려면 대상을 겨냥하는 의도를 내야 한다. 두는 알아차림은 확신에 찬 믿음을 가지고 끊임없이 노력을 해야 이루어진다. 집중에 의해 무상, 고, 무아의 지혜를 얻으면 차츰 있는 알아차림이 생긴다.

있는 알아차림이 생기면 앞에서 믿음과 지혜가 수행을 이끌어 크게 노력하지 않아도 자연스럽게 알아차리게 된다. 이것을 법이 앞에서 이끈다고 한다.

# 114. 호흡은 생명이다

자신의 내면을 통찰하려면 먼저 호흡을 알아차려야 한다. 생명은 호흡과 호흡 사이에 있다. 호흡이 멈추는 순간 몸과 마음의 기능도 정지되므로 호흡은 생명이다. 마음이 호흡을 알아차릴 때 거친 마음이 순화되고 탐욕, 성냄, 어리석음이 단절된다.

호흡을 알아차릴 때 나의 몸과 마음이라는 유신견이 사라져 아만심이 자리 잡지 못한다. 호흡을 알아차려서 단계적 과정의 지혜가 나면 무상, 고, 무아의 법을 본다. 호흡을 알아차리는 순간 과거나 미래가 아닌 현재로 와서 인간이 가진 있는 그대로의 진실을 본다.

괴로움과 슬픔과 분노와 모든 비극적인 일로부터 벗어나 자유를 얻으려면 자신의 호흡을 알아차려서 마음을 청정하게 해야 한다.

## 115. 사람답게 살면

사람으로 태어나서 사람답게 살려면 도덕적인 생활을 하면서 내면의 고요함을 이루어 지혜를 얻어야 한다. 자기에게 주어진 의무를 다하면 자신을 신뢰하게 되고 이러한 신뢰를 바탕으로 남을 돕는 일을 게을리 하지 않으면 고매한 인격을 갖추어 행복한 생활을 한다.

자신의 품성이 온유하고 근면하고 관대하다고 해서 항상 행복한 생활을 할 수 있는 것은 아니다. 과거에 잘못한 행위에 대한 과보가 언제 어떻게 올지 알 수 없다. 하지만 현재 자신의 마음가짐이 청정하면 스스로 불행을 끌어들이지 않아 잘못된 과보가 올 위험이 적어진다.

설령 피할 수 없는 불선과보가 왔다 해도 슬기롭게 해결하여 오히려 더 큰 지혜를 얻을 수 있다.

# 116. 적절한 대처

누구나 크고 작은 많은 문제에 직면한다. 모든 일은 반드시 여섯 가지 감각기관이 여섯 가지 감각대상과 부딪쳐서 일어난다. 그런 뒤 좋고 싫고 덤덤한 느낌이 일어난다. 좋을 때는 즐거움으로 인해 행복하다. 싫을 때는 괴로움으로 인해 불행하다. 덤덤할 때는 무관심으로 인해 무료하다. 이때마다 기쁨과 슬픔과 무료한 것이 세간의 삶이다.

출세간을 사는 수행자는 좋을 때 좋은 것을 알아차려서 평등심을 갖는다. 싫을 때 싫은 것을 알아차려서 평등심을 갖는다. 덤덤할 때 덤덤한 것을 알아차려서 평등심을 갖는다.

어떤 일이나 가장 적절하게 대처하는 방법은 대상을 있는 그대로 알아차려서 평등심을 가지고 통찰지혜를 얻는 것이다.

# 117. 불행의 예방

행복을 얻고 싶어도 마음대로 얻지 못한다. 불행을 원하지 않아도 어쩔 수 없이 겪어야 한다. 이와 같은 일들은 모두 알맞은 조건의 성숙 때문에 일어난다. 열심히 노력하면 얻겠지만 노력한다고 모든 것을 다 얻을 수 없다.

오지 않기를 바라도 결국에 올 것은 오고야 만다. 이것들은 모두 자신의 의지와 상관없이 일어나는 인과응보의 현상이다. 내 마음이라면 무엇이나 마음대로 할 수 있겠지만 내 마음이 아니기 때문에 조건에 따라 변한다.

이것이 보이지 않는 업의 과보가 작용하는 부분이다. 나에게 언제 어떤 업의 과보가 나타날지 알 수 없다. 오직 선한 행위를 더 많이 해서 선한 과보를 더 많이 만들어 불행을 예방해야 한다.

## 118. 과보의 단절과 생성

자신의 고통이 되풀이 되는 것은 자기가 지은 업의 과보 때문이다. 자기가 지은 업의 과보로 인해서 생긴 축적된 성향대로 살면 세월이 흘러도 똑같은 삶을 산다. 똑같은 고통을 되풀이 하지 않으려면 업의 과보대로 살지 말고 새로운 선한 업을 일으켜 새로운 선한 과보를 받아야 한다.

과거의 습관을 현재로 가져와서 똑같이 답습하면 결코 어리석음에서 벗어나지 못한다. 모든 태어남은 무명과 갈애가 근본원인이다. 과거를 답습하는 것은 무명과 갈애를 되풀이 하는 것이다.

이것에서 벗어나는 길은 무명과 갈애를 있는 그대로 알아차려서 지혜를 얻는 것이다. 새로운 선업을 쌓으려면 몸과 마음을 있는 그대로 알아차리는 것이 으뜸이다.

# 119. 모르는 것들

자신의 내면을 통찰하면 보이지 않는 것을 알 수 있다. 보이지 않는 것을 알 때 모르던 진리를 발견한다. 호흡을 할 때 들이쉬고 내쉬는 것이 공기인지 알기 어렵다. 실재하는 호흡을 주의 깊게 알아차리면 공기가 팽창하고 수축하는 것을 알 수 있다.

눈이 형상을 보고 알 때 마음이 있어서 아는지 알기 어렵다. 마음이 모든 것을 이끌지만 정작 마음이 있는지 인식하지 못한다. 감각기관이 감각대상과 부딪칠 때 아는 마음과 함께 느낌이 일어난다.

이때 즐거운 느낌, 괴로운 느낌, 덤덤한 느낌이 느낌인지 알기가 어렵다. 그래서 감각기관이 느끼는 것을 나의 느낌으로 잘못 알고, 영원하지 않은 느낌을 영원한 것으로 잘못 알아 괴롭게 산다.

# 120. 선택권

인간의 삶은 예정되어 있는 부분이 있고 예정된 삶을 극복하여 더 향상된 삶을 살기도 하고 예정된 삶을 극복하지 못하고 더 비참한 삶을 살기도 한다. 인간이 예정된 삶을 피할 수 없는 부분은 태어나서 병들어서 죽는다는 사실이다.

이러한 진실을 제외하고는 예정된 삶은 조건에 따라 언제나 바뀔 수 있다. 훌륭한 부모를 만나 좋은 교육을 받아 행복한 삶이 예정되어 있어도 스스로 어리석음을 선택하면 불행하게 산다.

훌륭하지 못한 부모를 만나 바르지 못한 교육을 받아 불행한 삶이 예정되어 있어도 스스로 지혜를 계발하면 행복하게 산다. 모든 생명 중에 오직 인간만 자신의 삶을 불행하게 하거나 행복하게 할 수 있는 선택권이 있다.

# 옹달샘

## 5

## 말과 믿음

남의 말을 믿는가? 그가 생각으로 한 말은 단지 그의 생각이다.
사람의 생각과 행동은 다르다. 생각은 그렇게 되기를 바라는 희망이고
실제로 하는 행동은 현실이라서 다르다.
생각으로 한 말은 믿을 수 없지만 지혜로 한 말은 믿을 수 있다.

# 121. 숭고한 즐거움

좋아하는 사람이 있으면 괴롭다. 좋아하는 사람이 내게
관심이 있으면 기분이 좋지만 관심이 없으면 괴롭다. 좋
아하는 사람이 없으면 괴롭지 않다. 좋아하는 사람이 없
으면 관심이 필요 하지 않은 것이 자유다.

세상일이 모두 내 뜻대로 되지 않기 때문에 좋아하는 것이
있는 한 편안할 날이 없다. 좋아하는 것이 감각적 욕망일
때는 자신만 소유해야 하기 때문에 이기적인 마음이라서
괴로움을 겪는다. 감각적 욕망이 충족되지 않아서 괴로운
것은 천박한 괴로움이다.

좋아하는 것이 청렴하고 지혜를 얻는 일이라면 천박한 괴
로움에 빠지지 않고 숭고한 즐거움을 얻는다. 좋아하되
천박한 즐거움보다 숭고한 즐거움을 얻도록 해야 한다.

# 122. 승리와 패배

모든 일은 일어났다가 사라지는 과정만 있다. 승리가 전부가 아니며 패배가 전부가 아니다. 오늘의 승리가 내일의 패배가 되고 오늘의 패배가 내일의 승리가 된다. 내일의 승리와 패배도 영원한 것이 아니다.

모든 것은 조건의 성숙에 따라 일어나고 사라진다. 승리는 승리할 조건을 성숙시켜서 얻은 결과다. 패배는 패배할 조건을 성숙시켜서 얻은 결과다. 승리와 패배의 결과에 초점을 맞추면 원하는 결과를 얻을 수 없다.

승리할 조건에 초점을 맞추어야 하고 패배할 조건에 초점을 맞추지 말아야 한다. 욕망으로 움켜쥐는 세간에서는 일어나고 사라짐이 있어 승패가 있다. 욕망이 끊어진 출세간에서는 일어나고 사라짐이 없어 승패가 없다.

# 123. 가혹한 형벌

괴로울 때는 지금 몸과 마음이 괴로우므로 와서 보라고
말하고 있다. 지금 괴로우니 와서 보라고 하는데 보지 않
으면 누가 문제를 해결하겠는가? 괴로움으로 인해 갈피를
잡지 못하고 신음만 하고 있다면 어리석게도 괴로움을 즐
기고 있는 것이다.

모든 현상은 와서 보라고 나타난 대상이다. 괴로움은 알아
차릴 대상이라서 법이다. "지금 괴로워하고 있네" 하고 알
아차린 뒤에 호흡을 알아차려야 한다. 괴로움을 법으로 알
아차릴 때만이 자신의 문제를 객관화해서 분리할 수 있다.

만약 괴로움 때문에 인생을 포기한다면 비겁하고 살 자격
도 없다. 이렇게 자기 인생을 포기하면 지옥에 떨어지는
가혹한 형벌을 받아 지금보다 더 괴롭다.

# 124. 평화로운 세상

수행자는 세상을 비판하는 일로 세월을 보내지 않는다. 세상은 세상의 업으로 굴러가므로 무슨 일이나 대상으로 알아차려서 있는 그대로 보아야 한다. 그래야 세상의 일과 자기가 보는 견해가 같지 않아도 괴롭지 않다.

세상의 일로 괴롭다면 세상을 마음대로 하려는 욕망이 있기 때문이다. 어리석으면 세상의 일을 내 마음대로 하고 싶어서 항상 화를 낸다. 이런 분노로 시간을 보내는 것은 부질없는 일이다. 허송세월의 결과는 고스란히 괴로움으로 돌아온다.

세상이 어떠하든 몸과 마음을 있는 그대로 알아차려야 깨끗한 행복을 얻을 수 있다. 자기 내면을 통찰해서 얻은 행복으로 남에게도 행복을 주게 될 때 평화로운 세상이 된다.

# 125. 업의 과보

자신이 한 행위 중에서 과보를 받는 행위가 있고, 과보를 받지 않는 행위가 있다. 행위를 할 때 의도를 가지고 하면 업이 되어 그에 상응하는 과보를 받아 행복과 불행을 겪는다.

의도를 가지고 하지 않으면 업이 되지 않아 그에 상응하는 과보를 받지 않아서 행복과 불행을 겪지 않는다. 자신의 행위가 의도가 있는 행위인지 의도가 없는 행위인지 스스로 판단하기가 어렵다.

선업의 과보를 받고, 불선업의 과보를 받지 않기 위해서는 행위를 할 때마다 대상으로 알아차려야 한다. 설령 의도가 없는 행위를 하더라도 습관적으로 행위를 하다보면 어느 순간에 자기도 모르게 불선의도를 가지고 행위를 해서 불선과보를 받는다.

# 126. 말과 믿음

남의 말을 믿는가? 그가 생각으로 한 말은 단지 그의 생각이다. 사람의 생각과 행동은 다르다. 생각은 그렇게 되기를 바라는 희망이고 실제로 하는 행동은 현실이라서 다르다. 생각으로 한 말은 믿을 수 없지만 지혜로 한 말은 믿을 수 있다.

생각으로 한 말은 세속적인 관념이라서 믿을 것이 못된다. 지혜로 한 말은 출세간의 실재라서 믿을만하다. 나의 말을 믿는가? 내가 한 말은 한순간의 마음이 한 말이다. 마음은 매순간 일어나고 사라지면서 바뀐다.

조금 전의 마음이 한 말과 현재의 마음이 한 말과 지금 이후의 마음이 한 말은 다르다. 마음은 매순간 조건에 따라 변하므로 한순간의 마음이 한 말은 영원하지 않아 믿을 것이 못된다.

# *127.* 진실한 해법

한 인간이 있어 가족이 형성되고 사회가 있고 인류가 있다. 인류의 본질은 한 인간의 생존을 토대로 하고 있다. 가족과 사회와 인류가 고통이 없는 행복한 번영을 이루려면 한 인간의 마음가짐으로부터 시작해야 한다.

내가 없는 가족은 없으며 사회도 없다. 나의 행복이 가족과 사회의 행복이며 나의 불행이 가족과 사회의 불행이다. 자신의 변화 없이는 아무것도 변화할 수 없다. 나의 변화는 오직 나의 몸과 마음을 통찰하는 것으로부터 시작된다.

내면의 통찰이 가장 진실한 해법이다. 자신을 방치하고 남부터 해결하려고 한다면 진실한 해법이 될 수 없다. 내가 지혜를 얻어서 바뀌어야 남에게 자애를 줄 수 있어 행복한 공동체가 된다.

# 128. 비밀

종교의 진리는 비밀이다. 누구도 최상의 지혜를 가지고 있지 않아 종교가 표방하는 진리가 바른지 알 수 없다. 범부는 성스러운 진리와 삿된 견해를 구별하기 어렵다.

세상에는 바른 종교가 있어 고통 받는 사람에게 빛을 주지만, 삿된 종교가 있어 고통 받는 사람에게 더 큰 어둠을 주기도 한다. 사람의 지혜는 비밀이다. 누구도 최상의 지혜를 가지고 있지 않아 사람이 표방하는 진실이 바른지 알 수 없다.

범부는 진실한 사람과 삿된 사람을 구별하기 어렵다. 세상에는 진실한 사람이 있어 고통 받는 사람에게 희망을 주지만, 삿된 사람이 있어 고통 받는 사람에게 더 큰 괴로움을 주기도 한다. 비밀을 푸는 지혜는 수행의 결과로 얻는다.

## 129. 불행에서 행복으로

누군가를 미워하면 자기가 불행하다. 미워하는 순간에는 사랑이 없고 사랑이 없으면 행복하지 못하다. 미워하는 것을 계속하는 것이 탐욕이다. 탐욕을 가지고 살면 자기가 불행하다. 탐욕이 있는 순간에는 관용이 없고 관용이 없으면 행복하지 못하다.

탐욕을 계속 갖는 것이 어리석음이다. 어리석으면 자기가 불행하다. 어리석은 순간에는 지혜가 없고 지혜가 없으면 행복하지 못하다. 어리석음을 갖게 하는 것이 자아다. 자아가 있으면 자기가 불행하다. 자아가 있는 순간에는 무아가 없고 무아가 없으면 행복하지 못하다.

자아는 가장 깊은 무지라서 감각적 욕망을 버리지 못한다. 감각적 욕망이 소멸되지 않으면 영원히 행복을 누릴 수 없다.

# 130. 최종 지혜

자애 위에 자비가 있고 자비 위에 평등이 있고 평등 위에
지혜가 있다. 더 이상 다다를 것이 없는 최종 진리는 무
상, 고, 무아의 지혜다. 자애로 시작된 일련의 과정을 거
쳐 마지막에 통찰지혜를 얻으면 모든 욕망과 집착이 끊어
져 완전한 자유를 얻는다.

이것이 괴로움이 끊어져 다시 태어남이 없는 해탈의 자유
다. 자애는 살아있는 크고 작은 생명과 아직 태어나지 않
은 생명까지 무한히 사랑하는 마음이다. 자비는 모든 생
명을 불쌍히 여기고 동정하는 마음이다.

평등은 치우침 없이 균형을 이룬 마음이다. 이러한 과정
으로 최종 지혜에 이를 때에만 어디로 가는지도 모르면서
끝없이 가야만 하는 괴롭고 슬픈 삶의 여정을 마무리 할
수 있다.

# 131. 양면성

모든 일은 양면성이 있어 진실의 눈을 뜬다. 불편함에서 편리함의 가치를 안다. 괴로움에서 즐거움의 진실을 안다. 잘못된 것에서 잘된 것을 안다. 진리가 아닌 것에서 진리를 안다. 어리석음에서 지혜가 난다.

불편함을 받아들여서 있는 그대로 알아차릴 때 편리함의 진실을 발견한다. 괴로움을 받아들여서 있는 그대로 알아차릴 때 즐거움의 진실을 발견한다. 잘못된 것을 받아들여서 있는 그대로 알아차릴 때 잘된 것의 진실을 발견한다.

진리가 아닌 것을 받아들여서 있는 그대로 알아차릴 때 진리를 발견한다. 어리석음을 받아들여서 있는 그대로 알아차릴 때 지혜가 난다. 불편하거나 부당한 것은 단지 와서 보라고 진실을 드러내고 있다.

# 132. 위대한 승리

인간이 세상에 태어나서 먹고 자고 좋아하고 미워하는 생활로만 그친다면 인간으로 태어난 사명을 다하지 못하는 것이다. 이러한 일상의 삶과 더불어 반드시 자신의 몸과 마음을 알아차리는 수행을 해서 지혜를 얻어야 한다.

일상의 삶으로는 통찰지혜를 얻지 못해 괴로움을 극복하지 못한다. 그러면 끝없는 윤회를 하여 세세생생 고통스러운 삶을 살 수밖에 없다. 모든 생명 중에서 인간만 현재와 미래를 선택할 수 있는 특권이 있다.

인간은 자신의 삶을 향상시키거나 퇴보시키거나 해탈의 자유를 얻는 세 가지 선택권이 있다. 세 가지 선택 중에 무상, 고, 무아의 통찰지혜를 얻어 윤회가 끝나는 해탈의 자유보다 더 위대한 승리는 없다.

# 133. 감각적 욕망

모든 괴로움은 감각적 욕망으로 인해서 생긴다. 감각적 욕망이 괴로움의 원인인지 모르는 것이 어리석음이다. 욕망은 여섯 가지 감각기관을 통해 들어온다. 대상을 볼 때 욕망이 일어나며, 소리를 들을 때 욕망이 일어난다.

냄새를 맡을 때 욕망이 일어나며, 맛을 알 때 욕망이 일어난다. 몸으로 접촉할 때 욕망이 일어나며, 생각할 때 욕망이 일어난다. 감각적 욕망이 일어나 괴로움을 겪지 않으려면 마음을 감각대상으로 보내지 말고 감각기관에 둔 채 알아차려야 한다. 그리고 대상을 아는 마음을 알아차려야 한다.

욕망을 일으키는 곳에 가지 말고, 그런 사람을 만나지 말고, 쳐다보지 말고, 말하지 말고 오직 몸과 마음을 알아차려야 한다.

# 134. 완전한 답

괴로울 때는 자기 몸과 마음을 있는 그대로 알아차려야 한다. 가족과 친지의 일로 괴로울 때도 자기 몸과 마음을 있는 그대로 알아차려야 한다. 직장과 사회와 세상의 일로 괴로울 때도 자기 몸과 마음을 있는 그대로 알아차려야 한다.

어떤 상황에서 일어나는 괴로움이라도 먼저 자기 몸과 마음을 알아차려서 자신과 괴로움을 격리시켜야 한다. 모든 일은 그럴만한 원인이 있어서 생긴 결과대로 흘러간다. 누구도 이 흐름을 막을 수 없다. 오직 자신의 몸과 마음을 알아차리는 것으로만 이 흐름을 막을 수 있다.

어떤 일이나 완전한 답은 없다. 자신의 내면을 통찰해서 고요함을 얻는 것이 스스로를 보호하여 평화를 얻는 유일한 길이다.

# 135. 선택

모든 일은 자신이 선택한다. 내가 좋으면 선택하고 싫으면 선택하지 않는다. 싫어도 선택했다면 이익이 있기 때문에 좋아서 한 것이다. 내가 좋아서 선택하고 싫어서 선택하지 않은 모든 일에 대한 책임은 오직 나에게 있다.

무슨 일이나 남을 탓할 것 없다. 괴로운 것도 나의 선택으로 인한 결과다. 즐거운 것도 나의 선택으로 인한 결과다. 괴로움이 즐거움으로 바뀌고 즐거움이 괴로움으로 바뀌는 것도 나의 선택으로 인한 결과다.

모든 일은 자신이 선택하므로 남의 선택에 시비할 것 없다. 내가 이렇게 선택했듯이 남도 그렇게 선택한 것이다. 내가 베푼 것은 나의 선택이고 상대가 받아들이거나 받아들이지 않는 것은 그의 선택이다.

# 136. 네 가지 자세

인간은 네 가지 자세 중에 하나의 자세로 본다. 대상을 긍정적으로 보거나, 부정적으로 보거나, 긍정도 부정도 아니게 보거나, 있는 그대로 본다. 긍정적으로 보면 스스로 즐거움을 만든다. 부정적으로 보면 스스로 괴로움을 만든다. 긍정도 부정도 아니게 보면 스스로 무관심을 만든다.

이상 세 가지 자세를 가지고 살면 세간을 산다. 있는 그대로 보면 즐거움이나 괴로움이나 무관심을 만들지 않고 통찰지혜를 만든다.

있는 그대로 보면 출세간을 산다. 세간은 탐욕, 성냄, 어리석음이 있어 끝없는 윤회를 하여 영원히 괴로움에서 벗어나지 못한다. 출세간은 관용, 자애, 지혜가 있어 윤회가 끝나므로 괴로움에서 벗어나 해탈의 자유를 얻는다.

# 137. 괴로움에서 벗어나는 길

괴로울 때는 현재 괴로움이 있는 것을 알아차리십시오.
그 뒤 괴로운 마음을 알아차리십시오. 그리고 괴로움으로
인해서 생긴 가슴의 느낌을 알아차리십시오. 거친 느낌에
서 중간 느낌까지 다시 미세한 느낌이 될 때까지 알아차
리십시오.

그 뒤 코나 가슴이나 배에 있는 호흡 중 하나를 알아차리
십시오. 호흡을 알아차릴 때는 일어남, 꺼짐으로 알아차리
십시오. 마음은 한순간에 하나밖에 없기 때문에 호흡을 알
아차리는 순간에 괴로움이 사라집니다. 그래서 호흡을 계
속 알아차려야 합니다.

괴로움이 완전히 사라지게 하려면 통찰지혜가 나야 합니
다. 그때까지 몸과 마음을 계속해서 알아차리는 것이 괴
로움에서 벗어나는 유일한 길입니다.

# 138. 선업의 공덕

수행은 선업의 공덕이 없으면 할 수 없다. 선업의 공덕을 받는 것은 누군가가 복을 주어서 부귀영화를 누리는 것을 말하지 않는다. 선업의 공덕을 쌓으면 선한 과보로 인해 바르지 못한 판단을 하지 않고 바른 판단을 한다.

선업의 공덕으로 생기는 바른 판단은 수행을 하려는 의도를 내는 것이다. 선업의 공덕이 없으면 수행을 하려는 의도를 내지 않는다. 선업의 공덕이 부족하면 수행을 하다가 포기하고 만다.

수행은 살아온 습관이 아닌 새로운 습관을 만드는 것으로 가장 필요한 행위다. 괴로움을 겪을 때 고난을 극복하려면 어떻게 하는 것이 가장 바른지를 아는 지혜가 있어야 한다. 이러한 지혜는 반드시 선한 공덕의 힘으로 생긴다.

# 139. 두 가지 느낌

마음이 있을 때는 항상 느낌이 일어나 마음을 결정한다. 느낌은 세간의 느낌과 출세간의 느낌이 있다. 세간의 느낌은 알아차림이 없고 출세간의 느낌은 알아차림이 있다. 세간의 느낌은 알아차림이 없기 때문에 욕망을 일으켜 연기를 회전시켜 윤회를 한다.

출세간의 느낌은 알아차림이 있기 때문에 연기를 회전시키지 않아 윤회가 끝난다. 느낌이 일어났을 때 욕망이 일어나면 집착을 하여 다시 태어나는 원인이 된다. 느낌이 일어났을 때 욕망이 일어나지 않으면 집착이 소멸하여 다시 태어나는 원인이 소멸한다.

윤회하는 괴로움은 느낌이 욕망으로 바뀔 때 결정된다. 윤회가 끝나는 해탈의 자유는 느낌이 욕망으로 바뀌지 않을 때 결정된다.

# 140. 마음과 몸

마음은 무엇인가? 마음은 몸이 아니다. 몸은 무엇인가? 몸은 마음이 아니다. 인간은 마음과 몸이 있어서 산다. 인간에게 마음과 몸은 생존의 전부다. 마음과 몸을 가지고 사는 인간은 마음과 몸을 벗어난 것에서는 생존의 진실을 모른다.

자신의 마음과 몸을 모르고서는 알고 산다고 할 수 없다. 누구도 자신의 마음과 몸을 통찰하지 못하면 정확하게 알지 못한다. 바르게 알지 못하면 바르게 살지 못한다. 마음과 몸은 하나로 결합되어 있지만 서로의 영역에서 자기 할 일을 한다.

마음과 몸은 매순간 일어나고 사라지면서 생명을 연장한다. 과거와 현재와 미래의 마음과 몸은 같지 않다. 마음과 몸은 무상하고 괴로움이며 자아가 없고 무아다.

# 141. 지혜가 나서 생긴 괴로움

원하는 것을 얻지 못했을 때 괴롭다. 욕망은 끝이 없어 아무리 얻어도 만족할 수 없다. 욕망을 가지고 사는 한 영원히 괴로움에서 벗어날 수 없다. 만족할 수 없는 욕망은 어리석음과 함께 있다.

지혜가 났을 때도 괴롭다. 지혜가 나면 몸과 마음을 집착하는 것이 괴로움이며, 몸과 마음이 변하는 것이 괴로움이란 진실을 자각한다. 욕망으로 인해서 생긴 괴로움은 어리석음이라서 극복하기 어렵다. 무상으로 인해서 생긴 괴로움은 지혜라서 극복할 수 있다.

어리석어서 생긴 괴로움이 있으면 자아가 있어 윤회의 괴로움에서 벗어나지 못한다. 지혜가 나서 생긴 괴로움이 있을 때는 무아를 발견하여 윤회가 끝나는 해탈의 자유를 얻는다.

# *142.* 해답

인간은 두 개의 세상을 산다. 자신과 접촉하는 내면의 세상이 있고, 남과 접촉하는 외부의 세상이 있다. 자신과 접촉하는 내면의 세상에서 만나는 것은 선심과 불선심이다. 남과 접촉하는 외부의 세상에서 만나는 것도 선심과 불선심이다.

내 마음이나 남의 마음이나 똑같이 선심과 불선심을 가지고 있다. 하지만 자신이나 남의 선심과 불선심이 있다는 것을 아는 것은 자신의 마음이다. 그러므로 자신의 마음을 알아차리는 것이 모든 번뇌를 해결하는 유일한 수단이다.

자신이나 남으로 인해 즐거움과 괴로움이 일어나도 자신의 마음을 알아차려 번뇌를 극복해야 한다. 해답은 다른 것에 있지 않고 대상을 받아들여서 아는 자신의 마음에 있다.

# 143. 내면의 고요함

내면의 고요함을 얻어 지혜가 나려면 몸과 마음을 있는 그대로 알아차려야 한다. 몸과 마음의 거친 느낌이 미세해질 때까지 계속 알아차리면 마음이 고요해진다. 고요해지면 대상의 성품을 아는 지혜가 나 모든 번뇌가 소멸한다. 이것이 지고의 행복을 얻는 유일한 길이다.

내면의 고요함이 파괴되지 않도록 하려면 이기적인 욕망을 가진 사람을 피해야 한다. 이기적인 욕망을 가진 사람은 남의 고요함을 파괴한다. 경박하게 처신하는 사람도 피해야 한다. 경박한 사람은 남의 고요함을 파괴한다.

이기적인 욕망을 가졌거나 경박한 사람을 만났으면 대상으로 분리해서 알아차려야 한다. 그렇지 않으면 고요함이 파괴되어 지혜가 나지 않는다.

# 144. 선심과 불선심의 괴로움

선심을 가지고 선행을 해서 선과보를 받아서 생기는 괴로움이 있고, 불선심을 가지고 불선행을 해서 불선과보를 받아서 생기는 괴로움이 있다. 선과보를 받아서 생기는 괴로움일 때는 수행을 하려는 의도가 일어난다.

불선과보를 받아서 생기는 괴로움일 때는 수행을 하려는 의도가 일어나지 않는다. 윤회하는 생명은 선심과 불선심을 함께 가지고 있다. 선한 마음일 때 선하지 못한 마음이 함께 있고, 선하지 못한 마음일 때 선한 마음이 함께 있다. 그렇기 때문에 괴로움을 겪을 수밖에 없다.

대상을 있는 그대로 알아차려서 작용만 하는 마음을 가질 때 선심과 불선심의 결합에서 벗어나 완전하게 선한 마음만 있어 괴로움이 소멸한다.

# 145. 출세간의 언어

괴로움에서 벗어나는 해탈의 자유를 얻으려면 세간의 언어가 아닌 출세간의 언어를 사용해야 한다. 세간에서 사용하는 언어는 거짓말, 비방하는 말, 거친 말, 경솔한 말이다.

출세간에서 사용하는 언어는 진실하고 믿음직한 말, 사람을 속이지 않는 말, 중상모략을 하지 않는 말, 상대를 매도하지 않는 말, 서로 간에 불화를 조장하지 않고 화목하도록 하는 말, 선의를 가지고 상대에게 이익이 되는 말을 한다.

출세간의 언어를 사용하여 계율을 지키면 마음이 고요해져 집중이 된다. 집중이 되면 무상, 고, 무아의 지혜가 나 윤회가 끝나는 열반에 이른다. 출세간의 사유로 출세간의 언어를 사용해 출세간의 지혜가 날 때 완전한 자유를 얻는다.

# 146. 스쳐지나가는 바람

누구에게나 괴로움이 있지만 괴로움의 진실을 알지 못한다. 괴로움의 진실을 알지 못하면 결코 괴로움에서 벗어날 수 없다. 괴로움의 진실이 무엇인지 알기 위해서는 자신의 몸과 마음을 알아차려야 한다.

몸과 마음을 분리해서 알아차리면 원인과 결과로 일어나고 사라지는 것을 안다. 모든 것이 일어난 순간 사라지는 무상을 알게 될 때 괴로움의 실재가 드러난다. 관념을 벗어난 실재를 알면 괴로움은 내 생각이 만든 것일 뿐이다.

지혜로 본 괴로움은 하찮고 실체가 없다. 별일도 아닌 것을 크게 생각해서 괴로운 것은 어리석음과 욕망이 눈을 가렸기 때문이다. 사는 것이 괴로움이라고 알면 괴로움은 스쳐지나가는 바람과 같은 것이다.

# 147. 돌과 옥

인간은 선심과 불선심을 함께 가지고 있다. 과거에 선한 마음으로 선한 일도 했고 선하지 못한 마음으로 선하지 못한 일도 했다. 중요한 것은 현재 어떤 마음을 가지고 있는가 하는 것이다. 과거에 선하지 못한 일을 했어도 있는 그대로 알아차리면 지혜가 난다.

후회는 불선행이지만 알아차림은 가장 훌륭한 선행이다. 잘못한 일이 알아차릴 대상이 될 때 법의 성품을 보아 단지 작용만 하는 성스러운 마음을 갖는다. 이렇게 될 때 과거에 잘못한 일이 모두 경험이 되어 하나도 버릴 것이 없어진다.

지혜는 돌을 옥으로 바꾼다. 누구나 진리가 무엇인지 모르고 태어난 이상 잘잘못을 따질 것 없이 있는 그대로 알아차려서 지혜를 얻어야 한다.

## 148. 진리의 발견과 재발견

붓다는 최고의 선업의 공덕을 쌓은 과보로 태어났다. 그러나 저절로 깨달음을 얻지 않고 최상의 노력을 해서 그간 알려지지 않은 궁극의 진리를 발견하여 완전한 자유를 얻었다.

이 진리는 괴로움이 있고, 괴로움의 원인은 집착이고, 괴로움의 소멸과, 괴로움의 소멸에 이르는 팔정도다. 네 가지 성스러운 진리는 자신의 몸과 마음을 있는 그대로 통찰하는 팔정도에 의해 발견된다. 이렇게 발견한 완전한 진리를 다시 많은 수행자들이 열심히 노력해서 재발견한다.

하지만 자기 공덕의 과보만큼 자기 수준의 진리를 발견한다. 그러므로 수행자는 완전한 진리를 발견하기 위해 끊임없이 노력해서 재발견을 하고 다시 재발견을 거듭해야한다.

# 149. 두 가지 어리석음

어리석음은 괴로움과 슬픔을 일으키는 근본원인이다. 어리석음은 두 가지가 있는데 잠재적 어리석음과 새로 일어난 어리석음이 있다. 과거에 무명을 우두머리고 삼고 살아온 것이 잠재적 어리석음이다. 현재 욕망을 동반자로 살고 있는 것이 새로 일어난 어리석음이다.

윤회하는 모든 생명은 잠재적인 어리석음을 가지고 있다. 잠재적 어리석음은 무지라서 바른 것을 바르지 못한 것으로 보게 하고, 바르지 못한 것을 바른 것으로 보게 한다. 새로 일어난 어리석음은 일상적으로 욕망과 성냄을 일으켜 어리석음을 더욱 키운다.

어리석음과 욕망이 결합되면 내가 있다는 잘못된 견해가 생긴다. 이 견해가 더 깊은 무지로 이끌어 윤회를 한다.

# 150. 남과 나

남을 의식하여 인정받으려고 하면 욕망이 생긴다. 남에게 바라는 것이 있으면 내면의 고요함이 생기지 않아 법을 보지 못한다. 남만 있고 자신의 성찰이 없으면 들뜨고 불안해진다. 진실은 남에게 있지 않고 대상을 알아차리는 자신의 행위에 있다.

남을 의식해서 자신과 비교하면 탐욕으로 인해서 아만이 생기며 성냄으로 인해서 질투가 생긴다. 자아를 가지고 있는 한 눈이 멀어 사물의 바른 성품을 보지 못한다. 남이 나를 알아주기를 바라지 말아야 한다.

남이 나를 어떻게 평가하든 자신의 인생은 자신이 사는 것이다. 남에게 비난받는 행위를 해서는 안 되겠지만 그렇다고 칭찬받는 행위만 한다면 자신의 인생을 사는 것이 아니다.

# 151. 범부와 수행자

범부는 눈으로 보고 좋으면 집착하고 싫으면 화를 낸다. 귀로 소리를 듣고 좋으면 집착하고 싫으면 화를 낸다. 코로 냄새 맡고 좋으면 집착하고 싫으면 화를 낸다. 혀로 맛보고 좋으면 집착하고 싫으면 화를 낸다. 몸으로 접촉하고 좋으면 집착하고 싫으면 화를 낸다.

범부는 좋아하고 싫어하는 것이 전부다. 수행자는 눈으로 보고 좋아하고 싫어하지 않고 장님처럼 본다. 귀로 소리를 듣고 좋아하고 싫어하지 않고 귀머거리처럼 듣는다. 코로 냄새를 맡고 좋아하고 싫어하지 않고 오직 숨을 쉰다.

혀로 말할 때 좋아하고 싫어하지 않고 벙어리처럼 한다. 몸으로 접촉할 때 좋아하고 싫어하지 않고 단지 느낀다. 수행자는 좋고 싫은 것이 없다.

# 옹 달 샘

*6*

위빠사나 수행을 하면서 몸과 마음을 알아차릴 때 없는 것을 찾지 말아야
한다. 현재 몸과 마음에 있는 것을 알아차려야 한다.
사라진 것을 다시 찾지 말아야 한다. 나타난 대상을 없애려고 알아차리면
안 된다. 와서 보라고 나타난 대상을 단지 알아차리기만 하면 된다.

# 152. 관념과 실재

위빠사나 수행을 하지 않으면 인간을 있는 그대로 보지 않고 관념으로 본다. 관념으로 보면 남자와 여자로, 젊음과 늙음으로, 지위가 높고 낮음으로, 좋고 싫음으로, 아름답고 추함으로 본다.

관념으로 보면 선입관을 가지고 차별하기 때문에 인간이 가지고 있는 무상, 고, 무아의 성품을 보지 못해 괴로움에서 벗어나지 못한다. 위빠사나 수행을 하면 인간을 있는 그대로 보아 실재를 본다.

실재를 보면 남자와 여자가 없고, 젊음과 늙음이 없고, 지위의 높고 낮음이 없고, 좋고 싫음이 없고, 아름답고 추함이 없다. 실재를 보면 있는 그대로 보기 때문에 인간이 가지고 있는 무상, 고, 무아의 성품을 보아 모든 괴로움의 속박에서 벗어난다.

# 153. 수행자의 자세

위빠사나 수행을 하면서 몸과 마음을 알아차릴 때 없는 것을 찾지 말아야 한다. 현재 몸과 마음에 있는 것을 알아차려야 한다. 사라진 것을 다시 찾지 말아야 한다. 나타난 대상을 없애려고 알아차리면 안 된다. 와서 보라고 나타난 대상을 단지 알아차리기만 하면 된다.

모든 현상은 생길만해서 생기고 사라질만해서 사라진다. 이런 현상이 왜 일어났는가를 생각하지 말아야 한다. 어떤 현상이 나타나도 좋아하거나 싫어하지 말아야 한다. 좋아하면 집착을 하고 싫어하면 화를 낸다.

수행은 좋아하고 싫어하기 위해서 하는 것이 아니다. 좋아할 때 좋아하는 것을 알아차리고 싫어할 때 싫어하는 것을 알아차려야 평정심이 생겨 통찰지혜가 난다.

# 154. 최후의 승리

최후의 승리는 자신의 내면을 통찰하여 존재의 성품인 무상, 고, 무아를 아는 것이다. 인간이 가지고 있는 궁극의 진리를 아는 것보다 더 큰 승리는 없다. 완전한 행복은 자신의 몸과 마음을 알아차려서 얻은 지혜로 탐욕, 성냄, 어리석음에서 벗어나는 것이다.

감각적 욕망을 집착하는 자는 괴로움을 즐기는 자다. 극단적인 배척을 집착하는 자는 성냄을 즐기는 자다. 자신의 내면을 성찰하면 감각적 욕망과 극단적 배척을 집착하는 어리석은 마음이 정화된다.

마음은 한순간에 하나밖에 없어 자신의 몸과 마음을 알아차리는 순간에는 다른 마음이 없다. 알아차리는 마음은 선한 마음으로 이 순간에는 어리석음이 붙지 않아 법의 성품을 본다.

# 155. 두려움

두려움을 갖지 말아야 할 때가 있고 두려움을 가져야 할 때가 있다. 현재나 미래에 대한 두려움은 갖지 말아야 한다. 현재나 미래에 대한 두려움은 과거에 대한 후회와 현재의 욕망 때문에 생긴다. 과거는 이미 형성된 것으로 바꿀 수 없다.

과거는 단지 알아차릴 대상이다. 과거에 대한 후회가 사라지면 현재가 불안하지 않고 미래가 두렵지 않다. 욕망이 현재의 두려움을 만들고 이 두려움이 미래로 연장된다. 두려움을 가져야 할 때가 있다.

계율을 어기는 것에 대한 두려움을 가져야 한다. 도덕적이지 못한 일을 할 때나 감각적 욕망을 절제하지 못할 때, 이 결과로 인해서 생기는 두려움을 알아서 매사를 알아차리면서 행동해야 한다.

# 156. 무기력한 마음

아무런 흥미를 느끼지 못하면 무기력한 마음이다. 이 마음
은 의욕이 없고 모든 것을 방관하는 게으른 마음이다. 이
런 마음은 무관심한 마음이라서 어리석은 마음이다. 이때
는 무기력한 마음을 알아차려야 한다. 그 뒤 일정기간 가
슴에서 느낌을 알아차리고 다시 호흡을 알아차려야 한다.

흥미를 느끼지 못하는 무관심한 마음의 배경에는 흥미를
배척하는 마음도 있다. 무관심한 마음에는 나태해서 포
기하는 마음도 있지만 원하는 것을 얻지 못해서 반발하는
마음도 있다.

이런 마음의 상태가 지속되면 흥미를 느끼지 못하는 마음
에 안주하여 다른 즐거움을 거부한다. 이런 증상이 계속
되면 어리석음이 심화되어 마지막에는 불행한 결과를 맞
는다.

# 157. 수행자는 출구가 있다

대상을 있는 그대로 알아차리는 수행자는 모든 번뇌로부터 자유롭다. 수행자는 정의로운 일이나 불의에 대해서나 똑같이 알아차릴 대상으로 삼아 분노하지 않는다. 정의롭다고 판단되는 일은 긍정하지만 불의를 조장하는 극단에 대해서도 관용으로 받아들인다.

지혜가 있어서 정의로운 일을 하는 것과 어리석어서 정의롭지 못한 것은 각자의 역할을 하는 것일 뿐이다. 자신도 바른 견해와 바르지 못한 견해가 있는데 남을 바르지 못하다고 비난할 것 없다.

세간에서는 서로가 옳다는 주장만 난무하여 출구가 없다. 출세간에서는 대상을 있는 그대로 알아차려서 단지 옳다고 판단되는 일을 실천하는 것으로 출구를 삼아 행복을 얻는다.

# 158. 옳고 그름

무엇이나 단지 대상으로 알아차려야 한다. 옳고 그른 일로 화를 내지 마라. 내게 옳고 그름이 있듯이 남도 옳고 그름이 있어 세상은 항상 옳고 그름으로 혼란하다. 여기에 바른 답은 없고 옳고 그르다는 주장만 있다.

옳고 그른 일로 화를 내면 자기주장을 집착하는 탐욕이며 이것이 어리석음이다. 어떤 일이나 단지 대상으로 알아차려서 고요함을 얻어야 비로소 무엇이 옳고 그른지 바르게 알 수 있다. 그렇지 않고서는 옳은 것도 옳은 것이 아니고 그른 것도 그른 것이 아니다.

스스로 불평등을 만들면 괴롭게 살고 스스로 평등을 만들면 즐겁게 산다. 괴롭게 살거나 즐겁게 사는 것은 누가 주지 않고 오직 자신이 직접 만들어서 누린다.

# 159. 즐거움과 괴로움

즐거울 때 즐거움에 취해 집착하지 말아야 한다. 괴로울 때 괴로움에 빠져 집착하지 말아야 한다. 즐거움이나 괴로움은 단지 대상으로 알아차려야 한다. 즐거움과 괴로움은 매순간 일어났다가 사라지는 느낌이다.

느낌은 감각기관이 느끼는 것이지 자아가 있어서 느끼는 것이 아니므로 나의 것이 아니고 하나의 현상이다. 즐거움과 괴로움은 일어날만해서 일어난 조건에 의한 현상으로 알아차릴 대상으로 삼아야 한다.

즐거움을 알아차리면 즐거움을 집착하지 않고 평등심이 생겨 괴로움이 오지 않는다. 괴로움을 알아차리면 괴로움을 집착하지 않고 평등심이 생겨 즐거움이 온다. 즐거움 뒤에는 괴로움이 있고 괴로움 뒤에는 즐거움이 있다.

# 160. 내가 할 수 있는 일

내가 할 수 있는 일이 있고 할 수 없는 일이 있다. 내가 할 수 있는 일은 자신을 바꾸는 것이다. 할 수 없는 일은 세상을 바꾸는 것이다. 하지만 수행자는 자신의 마음으로 바꿀 수 없는 세상을 바꿀 수 있다.

세상을 받아들이는 것은 오직 자신의 마음이다. 세상이 어떻든 내 마음에 따라 세상이 바뀐다. 자신을 바꾸려면 몸과 마음을 알아차려야 한다. 몸과 마음을 있는 그대로 알아차려서 마음이 청정해지면 지혜가 나 자신을 제어할 수 있다.

자신의 몸과 마음이 제어될 때 세상을 받아들이는 일도 제어되어 세상이 바뀐다. 자신의 마음이 평온하면 혼란한 세상도 평온해진다. 자신의 마음이 혼란하면 평온한 세상도 혼란해 진다.

# 161. 진실과 자유

몸과 마음에서 일어난 현상을 있는 그대로 알아차리면 모든 것이 변하는 무상의 지혜가 난다. 어느 날 발견한 얼굴의 주름과 흰 머리카락과 거친 손은 있는 그대로의 무상이다. 희미한 기억과 나태하고 무기력해진 마음도 있는 그대로의 무상이다.

무상을 있는 그대로 받아들이면 괴로움과 슬픔을 받아들이는 고의 지혜가 난다. 무상을 있는 그대로 받아들이지 못하면 괴로움과 슬픔의 멍에를 얹고 괴롭게 산다. 괴로움과 슬픔을 있는 그대로 받아들이면 자아가 없는 무아의 지혜가 난다.

괴로움과 슬픔을 받아들이지 못하면 무아를 몰라 어리석음에서 신음하고 산다. 무상, 고, 무아의 지혜가 나면 관용, 자애, 지혜가 생겨 자유를 얻는다.

# 162. 옳은 말

모든 일에 내가 옳고 당신이 그르다고 말하면 세간의 관점에서 자아를 가지고 말하는 것이다. 잘못된 견해 중에서 으뜸은 몸과 마음이 나의 것이라고 하는 유신견(有身見)이다. 유신견은 항상 자아를 강화하는 것이 우선이기 때문에 상대가 없고 오직 자신의 우월함만 있다.

이런 행위는 매우 이기적이라서 옳고 그름을 떠나 가장 어리석은 일이다. 옳은 것을 강조할 때도 나의 생각은 이러한데 당신의 생각은 어떠한가라고 반문한 뒤에 바른 견해를 도출할 수 있도록 해야 한다.

말하면 듣고 물으면 대답하고 좋은 말을 하면 받아들이는 것이 출세간의 규범이다. 나만 옳다고 말할 때는 자신의 주장도 옳지 못한 공허한 것이 되고 만다.

# 163. 화

화를 내는 마음은 하나만 있지 않다. 화를 낼 때는 반드시 만족하지 못하는 마음과 불쾌하게 생각하여 반발하는 마음이 함께 있다. 화는 외부의 자극으로 일어나거나 내면의 마음이 일으킨다. 또 화는 질투하는 마음과 인색한 마음과 후회하는 마음이 복합적으로 작용해서 생긴다.

화는 자신을 불태우므로 언제나 화를 낸 사람이 피해를 입는다. 만족하지 못하는 마음은 욕망이며 반발하는 마음은 성냄이며 피해를 입어도 계속 화를 내는 마음은 어리석음이다.

화는 화를 먹고 더욱 거세게 불타오른다. 화가 날 때는 즉시 화를 낸 자신의 마음을 알아차려야 한다. 화를 낸 마음을 알아차리면 화를 일으킨 여러 가지의 마음이 함께 사라진다.

# 164. 생각과 지혜

생각이 다르면 말이 다르고 행위가 달라 삶이 다르다. 가족이나 이웃이라고 생각이 같을 수 없다. 같은 목적을 가지고 같은 길을 가도 생각이 다르다. 저마다의 생각이 다른 것은 과거부터 이어져온 업의 결과가 다르기 때문이다.

생각이 다른 것은 현재 어떤 생각이 바른지 알지 못하기 때문이다. 서로 다른 생각이 조화를 이루지 못하면 세간이고 조화를 이루면 출세간이다. 세간에서 어리석음을 가지고 살면 수많은 생각들로 인해 고요함이 없다.

생각들이 부딪쳐 혼란한 세계에서는 언제나 괴로움이 있다. 출세간에서 지혜를 가지고 살면 생각이 같다. 생각이 지혜로 바뀌면 무아를 발견하여 집착이 끊어지고 괴로움이 소멸하여 자유롭다.

# 165. 수행의 길

수행은 새로운 정신세계를 계발하는 가보지 않은 길을 가는 행위다. 수행 중에 나타나는 모든 현상을 절대 자신의 견해로 판단해서는 안 된다. 수행은 경험이 있는 지도자의 가르침 없이는 결코 할 수 없다.

수행의 시작은 잘 안 되는 것부터 경험한다. 수행이 잘 안 되는 것은 수행자가 처한 현실을 있는 그대로 알 수 있는 기회다. 수행이 잘 되기를 바라는 것이 욕망이며, 수행이 안 된다고 괴로워하는 것이 성냄이고, 그래서 수행을 그만두는 것이 어리석음이다.

수행의 발전이 없다고 불평을 해서는 안 된다. 지혜는 분명하게 드러나지 않는다. 수행이 잘되다가 안 되는 것은 새로운 정신세계를 개척하는 중이라서 오히려 바람직한 일이다.

# 166. 양심의 소리에 귀를 기울여라

누구를 위해서 사는가? 자신의 양심을 위해서 살아야 한다. 자신의 양심을 위해서 사는 사람은 수치심을 가진 사람이다. 수치심을 가진 사람은 들뜨지 않고 어리석지 않다.

자신의 양심을 위해서 사는 사람은 믿음과 지혜를 가지고 있기 때문에 어떤 부당한 일에도 흔들림이 없다. 양심을 가지고 살면서 생긴 피해는 피해가 아니고 오히려 이익이다. 인간의 한평생은 천상의 며칠에 불과하다. 며칠에 불과한 순간을 위해서 양심을 버리고 받는 과보는 오랜 세월동안 고통으로 남는다.

오직 자신의 양심을 위해서 살면 양심이 없는 사람이 하는 일에 동조하지 않아 오히려 상대를 돕는다. 갈등을 느낄 때 자신의 양심의 소리에 귀를 기울여라.

# 167. 같으면서 다른 마음

사람의 마음은 같으면서도 다르다. 사람의 마음이 있는 것은 같지만 선한 마음을 갖는 것과 악한 마음을 갖는 것에 따라 삶이 다르다. 목적이 있는 것은 같지만 목적의 종류와 방법에 따라 좋은 결과가 생기거나 나쁜 결과가 생긴다.

행복하기를 원하는 것은 같지만 생각하는 것에 따라 행복한 사람도 있고 불행한 사람도 있다. 모두 잘살기를 원하는 것은 같지만 어리석으면 괴로움을 겪고 지혜가 있으면 즐거움을 겪는다. 인생을 사는 것은 같아도 사는 방법에 따라 결과가 다르다.

욕망이 있으면 끝없는 방황을 하여 윤회하고 관용이 있으면 방황이 끝나 윤회하지 않는다. 마음은 있지만 모르면 도둑에게 당하고 알면 도둑에게 당하지 않는다.

# 168. 탐욕과 관용

바라는 것이 감각적 쾌락일 때는 탐욕으로 선하지 못한 마음이다. 바라는 것이 도덕적이고 정신을 함양하는 것일 때는 관용으로 선한 마음이다. 무조건 바라는 것을 배척하면 극단에 빠진다. 선하지 못한 것을 바라면 탐욕이고 선한 것을 바라면 선한 의도다.

탐욕이 있을 때는 마음이 고요하지 못해 진실을 발견하지 못하므로 바르게 살 수 없다. 관용이 있을 때는 마음이 고요해 진실을 발견하므로 바르게 살 수 있다. 탐욕을 버리지 못하는 것은 어리석음이 있기 때문이다.

내가 있다는 잘못된 견해가 있으면 영원히 어리석음에서 벗어날 수 없다. 관용을 가진 것은 지혜가 있기 때문이다. 관용은 내가 없다는 바른 견해가 있어서 생긴다.

# 169. 수행자

수행을 하려는 의도는 선한 마음이다. 수행을 하려는 의도만 있고 행위가 없으면 수행자가 아니다. 생각은 단지 허공을 떠도는 한줌의 바람처럼 흔적이 없어 궁극의 결과에 이르지 못한다.

수행은 괴로움을 해결하려는 욕망으로 할 수 있고, 한순간의 호기심으로 할 수 있고, 고상해 보여서 멋으로 할 수 있고, 지혜가 나서 할 수도 있다. 어떤 것이나 수행을 하려는 의도는 선한 것이다.

하지만 이러한 일차적인 의도만 가지고는 수행자라고 할 수 없다. 어떤 의도로 시작했건 수행을 한 뒤에 무상의 지혜가 나야 호기심의 차원을 넘어 비로소 수행자라고 할 수 있다. 무상의 지혜가 나면 괴로움의 지혜와 무아의 지혜가 나 궁극의 법에 이른다.

## 170. 이기심

이기심으로 단단하게 무장하면 겉보기에는 견고한 성과 같아도 내면은 허약하기 짝이 없다. 이기심이 많으면 자신이 조금이라도 무시당할 때 즉각 화를 낸다. 사소한 일에도 쉽게 화를 내면 이미 자신이 무너진 것이다. 이것이 이기심이 갖는 가장 취약한 부분이다.

이기심이 강할수록 진실 앞에서는 허약하다. 이기적인 마음은 자신만을 위한 것이라 스스로의 독에 마취되어 괴로움에서 벗어나지 못한다. 자신의 고독한 성에 갇혀 타협을 거부하고 자신의 이익만을 위해서 사는 것보다 더 비참한 삶은 없다.

도둑질과 살인을 해도 지혜가 나면 윤회가 끝나지만 이기적인 마음은 지혜가 나지 않아 윤회의 끝이 없다. 이기심은 자아에서 나온다.

# 171. 아침 잠 자리

아침 잠 자리에서 깨어나 괴롭지 않으셨습니까? 밤새 이런 저런 꿈으로 인해 두려움을 갖지는 않으셨는지요? 아침에 일어나 느낀 마음이 평소의 마음입니다. 아침에 일어난 마음이 편치 않으면 평소의 마음이 편치 않은 것이고, 편안하면 평소의 마음이 편안한 것입니다.

꿈도 평소에 있던 여러 가지 생각이 표상으로 떠오른 것입니다. 아침 잠 자리에서 깨어나면 먼저 현재의 마음을 알아차리십시오. 마음을 알아차릴 때는 어떤 마음이 되었건 그냥 있는 그대로 알아차리십시오.

그리고 누운 그대로 얼마간 아랫배에서 일어나고 꺼지는 호흡을 알아차린 뒤에 자리에서 일어나십시오. 아침 마음이 하루를 지배하고 하루가 모여 일생이 됩니다.

# 172. 억누르고 말리는 것의 차이

수행은 대상과 하나가 되어 근본집중을 하는 사마타 수행이 있고, 대상을 분리해서 찰나집중을 하는 위빠사나 수행이 있다. 사마타 수행은 수행을 시작하면 나타나는 다섯 가지 장애인 감각적 욕망, 악의, 해태와 혼침, 들뜸과 회한, 회의적 의심을 극복하기 위해서 한다.

사마타 수행은 장애를 억눌러 색계, 무색계선정의 고요함을 얻는다. 위빠사나 수행은 장애를 억누르지 않고 있는 그대로 알아차려서 말리는 수행이다.

장애를 억누르지 않고 있는 그대로 알아차리면 대상이 가지고 있는 성품인 무상, 고, 무아의 지혜가 난다. 이때 탐욕, 성냄, 어리석음이 소멸하여 열반에 이른다. 장애를 억누르고 말리는 것의 차이가 수행을 결정한다.

# *173.* 인간의 길

인간이 세상을 살면서 겪는 일은 모두 겪을만해서 겪는다. 어떤 일이나 절대 겪어서는 안 되는 일이 없다. 좋은 일이건 나쁜 일이건 그저 그런 일이건 모두 겪어야만 하는 것이 인간이 가는 길이다.

인간은 인간의 마음을 가지고 있으며 이런 마음이 만든 사회가 있으며 이런 사회가 사는 자연이 있다. 이런 조건들에 의해서 생기는 문제는 피할 수 없는 원인과 결과만 있다. 행복도 원인에 의해서 생긴 결과며 불행도 원인에 의해서 생긴 결과다.

기쁨과 슬픔도 원인이 있어서 생긴 결과라고 받아들이면 하나의 현상에 불과하다. 모든 현상을 알아차릴 대상으로 삼아 법으로 보는 것이 지혜다. 이런 지혜가 있을 때 모든 괴로움에서 벗어난다.

# 174. 자신의 정의부터

진실한 정의를 구현하려면 먼저 자신의 일부터 정의를 실천해야 한다. 자신의 불의는 감춰두고 남을 위한 정의나 사회를 위해 정의를 말하면 진정성이 없는 구호에 불과하다. 구호에 그친 정의는 자신의 이기적 욕망이며 열등의식으로 인해서 생긴 결과다.

자신의 행위에는 관대하고 남의 행위에는 가혹한 잣대를 들이대면 진정한 정의라고 볼 수 없다. 하지만 자신에 대해서는 관대한 것이 세속의 일반적인 정서다. 이는 지금까지 자신의 내면을 통찰해볼 기회가 없었기 때문이다.

진정한 정의를 구현하려면 사회의 정의를 주장하기에 앞서 자신의 몸과 마음을 알아차려야 한다. 이렇게 해서 청정해진 마음으로 세상을 보는 시각을 가져야 한다.

# 175. 숭고한 진실

인간은 과거를 후회하는 일로 살거나, 미래에 대한 두려움으로 살거나, 현재의 괴로움을 안고 산다. 과거는 지나간 시간으로 현재를 있게 한 원인의 의미밖에 없다. 과거는 실재하지 않는 시간으로 교훈을 얻는 일 외에 매달릴 가치가 없다.

미래는 현재의 연장선상이라서 현재의 결과라는 의미밖에 없다. 미래는 실재하지 않는 시간으로 이상을 구현하고자 하는 희망일 뿐 매달릴 가치가 없다. 과거나 미래에 매달리면 현재를 이끌어갈 동력을 얻기가 어렵다.

진실은 오직 현재에 있지만 현재로 와도 괴로움뿐이다. 과거나 미래가 아닌 현재로 와서 자신의 몸과 마음을 있는 그대로 알아차릴 때에만 괴로움에서 벗어나 숭고한 진실을 본다.

# 176. 행복과 불행

행복과 불행은 누가 주는 것이 아니고 오직 자신의 마음이 선택한다. 선심이 있으면 행복하고, 불선심이 있으면 불행하다. 선심을 가지려면 자신의 몸과 마음을 알아차려야 한다.

탐욕이 있을 때 탐욕이 있는 마음을 알아차리고, 성냄이 있을 때 성냄이 있는 마음을 알아차리고, 어리석음이 있을 때 어리석음이 있는 마음을 알아차려야 한다. 그러면 탐욕 없음, 성냄 없음, 어리석음이 없는 마음이 된다. 세 가지가 없는 마음은 아직 확정되지 않은 마음이다,

그래서 탐욕 없음, 성냄 없음, 어리석음이 없는 마음을 알아차려야 비로소 선심인 관용, 자애, 지혜가 생긴다. 관용, 자애, 지혜도 알아차려야 선심이 지속되고 불선심이 생기지 않는다.

# 177. 진실을 아는 마음

진실을 알려고 노력하는 마음이 진실을 안다. 진실을 알려고 노력하지 않고 스스로 눈과 귀를 막으면 진실을 모른다. 자기 눈과 귀를 막는 것은 자신의 마음이다. 자기가 어리석으면 진실이 보이지 않고 거짓이 진실처럼 보인다.

어리석어서 생긴 잘못된 견해가 바로 내가 있다는 자아다. 자아를 가지고 있는 한 이기적인 욕망이 일어나 진실을 보지 못한다. 세간에서는 자아를 가지고 자기의 이익을 얻는 것이 최고의 가치다.

출세간에서는 무아를 알아 자아를 내세우지 않는 것이 최고의 가치다. 내가 없을 때 모든 괴로움이 소멸하여 완전한 행복을 얻는다. 궁극의 실재인 무아의 지혜는 몸과 마음을 있는 그대로 알아차릴 때만이 얻는다.

# 178. 지식과 지혜의 차이

생각해서 말하고 말한 대로 행동한다. 이러한 과정은 원인과 결과로 진행된다. 그러나 생각했다고 해서 그대로 말하지 않고, 말했다고 해서 그대로 행동하지 않는다.

생각과 말과 행동이 원인과 결과로 진행되지만 이것들이 순간마다 다르게 나타나는 것은 아직 진실을 모르기 때문이다. 생각이 지식으로 아는 것일 때는 말과 행동이 다를 수 있다. 지식으로 아는 것은 완전하게 아는 것이 아니고 자기 견해라서 생각과 말과 행동이 동일하지 않다.

지혜로 아는 것은 완전하게 아는 것이라서 동일하게 드러난다. 지혜로 알려면 몸과 마음을 알아차리는 수행을 해야 한다. 지혜로 아는 것은 실재를 있는 그대로 아는 것이라 진리를 아는 것이다.

# 179. 서로 다른 마음

누구나 마음을 가지고 있지만 오직 자신만의 마음을 가지고 있다. 백 사람의 마음이 있으면 백 사람의 마음이 서로 다르다. 마음은 선한 마음이 있고 불선한 마음이 있다. 선한 마음도 관용, 자애, 지혜를 가진 정도가 서로 다르다.

불선한 마음도 탐욕, 성냄, 어리석음을 가진 정도가 서로 다르다. 마음은 과거에 행위를 한 결과로 받는 과보의 마음이 있다. 선한 과보의 마음과 불선한 과보의 마음을 가진 정도가 서로 다르다.

마음은 대상을 있는 그대로 보는 단지 작용만 하는 마음이 있는데 이 마음을 가진 정도가 서로 다르다. 어떤 마음이 되었거나 있는 그대로 알아차리면 단지 아는 마음에 불과하여 마음으로 인해 고통을 겪지 않는다.

# 180. 두 가지 마음

마음은 항상 두 가지가 함께 있다. 선심과 불선심이 함께 있으며, 선과보심과 불선과보심이 함께 있다가 조건이 성숙되면 한 가지 마음이 나타난다. 선심이 있을 때는 불선심이 감추어져 있으며, 불선심이 있을 때는 선심이 감추어져 있다.

현재 드러난 마음만 보고 그 마음이 전부라고 속단해서는 안 된다. 내가 행복한 것은 과거에 선행을 한 결과로 온 선과보심의 영향이다. 허나 선과보심이 있을 때 불선과보심이 기다리고 있어 행복이 영원하지 않다.

내가 불행한 것은 과거에 불선행을 한 결과로 온 불선과보심의 영향이다. 허나 불선과보심이 있을 때 선과보심이 기다리고 있어 불행이 영원하지 않다. 마음은 변하고 괴로움이며 무아다.

# 181. 비난

남을 비난하지 않는 자는 남이 자신을 비난할 때 관대하게 받아들인다. 남을 비난하는 자는 남이 자신을 비난할 때 화를 내고 미워한다. 남을 비난하지 않는 자는 청정한 마음을 가져 남이 자신을 비난할 때 청정한 마음으로 이해한다.

남을 비난하는 자는 이기적인 마음을 가져 남이 자신을 비난할 때 이기적인 마음으로 분노한다. 남이 한 행위는 그의 것이지 나의 것이 아니다. 그가 알고 했어도 완전하게 안 것이 아니므로 그를 이해해야 한다.

그가 모르고 했다면 더욱 가엾게 보고 이해해야 한다. 모르고 한 것을 이해하면 내가 편안하고 그가 지혜를 얻도록 돕는다. 남을 비난하지 않는 자는 평화롭고 남을 비난하는 자는 고통을 겪는다.

# 옹달샘

## 7

### 잘못된 일

잘못된 일로 화를 내지 마십시오. 잘못된 일은 이미 지난 일이므로 오히려
그 일에서 교훈을 얻으십시오. 잘못된 일로 슬퍼하지 마십시오.
잘못된 일을 통해 집착을 끊으십시오. 끊기 어려운 집착은 잘못된 일에서
끊기가 쉽습니다.

# 182. 괴로움의 소멸로 가는 길

괴로울 때 괴로움을 억누르기 위해 어떤 대상과 하나가 되어 집중할 수 있다. 이 방법은 괴로움의 출구가 없다. 집중으로 괴로움을 억누르면 순간적으로 소멸되어 평온을 얻지만 억누르지 않을 때의 반발력으로 괴로움이 더 커진다.

괴로움을 없애려고 하거나 괴로움을 다른 것으로 대치하는 것으로는 근본치유가 어렵다. 괴로울 때 괴로움을 있는 그대로 알아차리면 지혜가 나 괴로움의 출구가 있다. 괴로움을 있는 그대로 알아차리고 괴로운 마음을 알아차리면 괴로움이 일시적으로 소멸한다.

이때 괴로움이 사라졌지만 괴로움의 잔재가 가슴에 두근거리는 느낌으로 남아있다. 다시 이 느낌을 알아차리면 지혜가 나 괴로움이 완전하게 소멸한다.

# 183. 최고의 법

최고의 법을 궁극의 실재라고 한다. 궁극의 실재는 사물의 이치가 마지막에 이르러 더 이상 다다를 것이 없는 진리다. 궁극의 실재는 네 가지인데 마음, 마음의 작용, 물질, 열반이다.

네 가지를 최고의 진리라고 하는 것은 마음, 마음의 작용, 물질 이 세 가지는 존재의 기본요소고 열반은 모든 괴로움이 소멸하는 피안의 세계이기 때문이다. 네 가지 본성은 모두 고유한 특성을 가지고 있으면서 변하지 않고 확고한 성품을 가지고 있다.

마음에 탐욕과 성냄과 어리석음이 있는 한 탐욕과 성냄과 어리석음은 변하지 않고 한결같아 이것을 최고의 진리라고 한다. 최고의 진리라는 뜻은 이것이 최고라서 가장 고상하고 뛰어나다는 의미가 아니다.

# *184.* 침묵

말하지 않는다고 해서 말하지 않는 것이 아니다. 때로는 침묵하는 것이 더 많은 말을 하는 것이다. 상대의 말에 침묵으로 대하는 것은 반드시 상대를 무시하는 태도가 아니다. 오히려 상대를 보호하고 이해하는 태도로 침묵할 수도 있다.

상대가 말하는 내용에 어떤 답변을 해도 상대가 받아들이지 않으려는 자세일 때는 침묵하는 것이 좋다. 상대의 말에 긍정도 부정도 아닌 상태로 침묵할 때는 서로가 다툼이 일어날 수 있는 요인을 피할 수 있다.

상대에게 바른 말을 했을 때 상대가 받아들이지 않으면 상대의 불선업을 키우는 결과가 생긴다. 침묵하면 상대의 불선업을 키우지 않고 자기가 고통을 겪는 일이 생기지 않는다.

## 185. 선한 의도와 열정

선한 의도가 있고 열정이 있으면 바른 길을 가서 괴로움에서 벗어난다. 괴로움의 완전한 소멸이 윤회의 끝이다. 윤회가 끝날 때만이 더 이상 괴롭지 않다. 선한 의도가 있고 열정이 없으면 바른 길을 가지 못해 괴로움에서 벗어나지 못한다.

괴로움에서 벗어나지 못하는 것이 윤회다. 윤회가 계속되면 끝없는 괴로움을 겪어야 한다. 선한 의도는 팔정도인 계정혜를 실천해서 바른 길로 가려는 의지다. 하지만 선한 의도만 있고 열정이 없으면 팔정도를 실천하는 수행을 하지 못한다.

선한 의도가 있어도 열정이 없으면 단지 생각에 그치고 말아 결실을 맺지 못한다. 열정이 없으면 습관에서 벗어날 때 생기는 괴로움을 감당하지 못한다.

# 186. 잘못된 일

잘못된 일로 화를 내지 마십시오. 잘못된 일은 이미 지난 일이므로 오히려 그 일에서 교훈을 얻으십시오. 잘못된 일로 슬퍼하지 마십시오. 잘못된 일을 통해 집착을 끊으십시오. 끊기 어려운 집착은 잘못된 일에서 끊기가 쉽습니다.

잘못된 일로 괴로워하지 마십시오. 괴로워한다고 지난 일이 해결되지 않습니다. 모든 일은 그럴만해서 그렇게 된 것입니다. 잘못된 일로 이제 어떻게 할지 알게 되었습니다. 잘못된 일로 남을 비난하지 마십시오. 잘못된 일로 남을 비난하면 나도 똑같이 잘못하는 것입니다.

잘못된 일로 자신을 비하하지 마십시오. 모르고 한 일은 지나고 나서라도 알면 그만입니다. 잘못된 일은 단지 알아차릴 대상일 뿐입니다.

# 187. 지식과 지혜

말과 행동에도 지식으로 한 말과 행동이 있으며 지혜로 한 말과 행동이 있다. 지식으로 한 말과 행동은 남에게서 듣거나 책에서 본 것이거나 한순간의 생각으로 한 것이다. 지혜로 한 말과 행동은 자신의 몸과 마음을 있는 그대로 알아차려서 얻은 집중의 결과로 한 것이다.

지식은 지식만큼 존귀하고 지혜는 지혜만큼 존귀하다. 어느 것이나 그대로의 존귀함이 있지만 지식이 지혜의 존귀함을 능가하지 못한다. 지식으로 한 말과 행동은 일관성이 없고 지혜로 한 말과 행동은 일관성이 있다.

지식은 번뇌를 끊지 못하고 지혜는 번뇌를 끊기 때문에 지혜가 모든 가치의 정점에 있다. 이것이 지식의 단계에서 지혜를 얻도록 노력해야 하는 이유다.

# 188. 절정의 기량과 지혜

절정의 기량으로 한 일들은 모든 점에 있어서 뛰어난 결과를 맺는다. 근로자가 작업을 할 때 집중을 해서 경쾌하고 부드럽고 능숙하게 절정의 기량을 발휘하면 좋은 결과를 얻는다.

예술가가 작품을 할 때 집중을 해서 창의적인 노력을 하면 절정의 기량을 발휘하여 감동을 주는 작품을 만든다. 누구나 자기가 하는 일에 집중을 해서 절정의 기량을 발휘하는 노력을 하면 삶이 윤택해지고 행복하게 산다.

수행자가 몸과 마음을 있는 그대로 알아차리면 고요함이 생기고 단계적인 지혜가 성숙된 뒤에 절정의 지혜가 난다. 절정의 지혜가 났을 때 몸과 마음이 가지고 있는 성품인 무상, 고, 무아를 안다. 절정의 지혜만이 모든 번뇌를 소멸시킨다.

# 189. 절제

좋은 일도 절제가 있어야 한다. 이로운 일도 절제가 없으면 균형이 무너져 해롭다. 절제가 없으면 바라는 마음이 욕망이 되어 반드시 괴로움을 겪는다. 바라지 않는다고 모든 것을 포기하라는 것이 아니다.

욕망으로 하지 말고 선한 의도를 가지고 해야 한다. 바라는 마음이 욕망일 때는 어떤 일이나 괴로운 결과가 생긴다. 바라는 마음이 선한 의도일 때만 이상적인 결과가 생긴다. 자신의 감각적 욕망을 충족하는 일에 골몰하면 본능대로 사는 짐승보다 더 못하다.

짐승은 자기 본능을 충족하는 선에서 그치지만 인간의 욕망은 충족의 한계가 없어 피해가 더 심각하다. 대상을 있는 그대로 알아차릴 때만이 선한 의도가 되어 절제할 수 있다.

# 190. 행복과 불행의 선택

바라는 것이 감각적 욕망이면 탐욕으로 선하지 못한 마음이다. 바라는 것이 도덕적이면 관용으로 선한 마음이다. 탐욕이 있으면 성냄과 어리석음이 함께 있다. 관용이 있으면 자애와 지혜가 함께 있다.

어리석음이 있으면 마음이 흐려서 자아가 있다고 알아 괴로움뿐인 윤회를 계속한다. 지혜가 있으면 마음이 고요해서 무아의 진실을 발견하여 윤회가 끝나는 깨달음을 얻는다. 선하지 못한 마음으로 선하지 못한 행을 한 과보를 받으면 현재도 불행하고 죽어서도 불행한 생명으로 태어난다.

선한 마음으로 선한 행을 한 과보를 받으면 현재도 행복하고 죽어서도 행복한 생명으로 태어나거나, 괴로움이 소멸한 열반을 성취하여 윤회가 끝난다.

# 191. 걱정

걱정한다고 안 될 일이 되지 않는다. 걱정하면 오히려 될 일이 안 된다. 걱정하는 마음이 그대로 투사되면 걱정하는 대로 될 수 있다. 걱정하는 마음은 현재를 극복하지 못하므로 현재가 괴롭고, 미래를 이끌어갈 바른 동력이 되지 않아 미래도 괴롭다.

걱정은 지나간 과거에 대한 후회며 오지 않은 미래에 대한 두려움이다. 걱정이 근심과 괴로움과 슬픔과 비탄을 일으켜 행복을 빼앗아간다. 자신의 감각적 욕망으로 인해 걱정할 일이 생긴다. 무슨 일이나 업의 과보로 받아들이면 걱정할 일이 없다.

걱정할 때는 걱정하는 마음을 알아차린 뒤 가슴에서 일어난 느낌이나 호흡을 알아차려야 한다. 그래야 걱정이 없는 밝은 세상을 열 수 있다.

# 192. 자신의 청정

자신에게 충실해야 자신을 돕고 남을 돕는다. 저마다 자신의 일을 충실히 할 때 자신의 행복은 물론 남까지 행복하게 하여 사회와 인류에 공헌한다. 먼저 자신을 위해 사는 것이 진실이다. 자신을 제쳐둔 어떤 삶도 진실이 아니다. 자신을 위해 선한 마음으로 살아라.

선한 마음이면 삿된 일을 하지 않고 모범적인 일을 한다. 대상을 있는 그대로 알아차리면 절제와 균형의 도덕적 규범이 생긴다. 이럴 때만이 마음이 고요해져 혼란한 마음으로 살지 않고 청정한 마음으로 산다.

자신이 하는 일에 자긍심을 가지고 열심히 알아차리는 노력을 해야 행복을 얻는다. 행복은 다른 곳에 있지 않고 자신의 몸과 마음을 있는 그대로 알아차릴 때 생긴다.

# 193. 승패를 떠난 진실

무엇을 이기고 무엇을 졌는가? 순리를 거스르고 이겼으면 나쁜 과보를 받아서 진 것이다. 순리를 거스르지 않았으면 숭고한 진실을 얻는 과보를 받는다. 세간에서는 힘으로 이기고 지지만 출세간에서는 이기고 지는 것 없이 진리를 향한 귀의만 있다.

마땅히 행해야 할 도리에 어긋나면 이기고도 괴로움을 겪는다. 도리를 따르면 마음이 평온하여 지혜를 얻는다. 이겼다고 해서 나의 것이 아니다. 내가 소유할 수 있는 것은 아무것도 없다. 단지 순간의 마음이 경험하고 사라질 뿐이다.

모든 것들은 일어나서 사라지기 때문에 이겼다고 해서 이긴 것이 아니고 졌다고 해서 진 것이 아니다. 승패를 떠난 진실에 무상, 고, 무아의 법이 있다.

# 194. 바라는 마음

선한 일도 바라는 마음으로 하면 실망한다. 무슨 일이나 자신의 욕망을 충족시킬 수 없다. 실망이 괴로움이 되고 미움이 되고 분노로 바뀐다. 선한 일을 하고 화를 낸다면 어리석은 일이다.

선한 일도 바라는 마음으로 하지 않아야 하지만 욕망을 가지고 살아서 바라지 않기가 어렵다. 그래서 세상을 사는 것이 괴로움이다. 바라지 않고 하려면 대상을 있는 그대로 알아차려야 한다. 알아차리면서 하면 단지 필요한 일이라서 하므로 어떤 결과도 집착하지 않는다.

바라면 괴로움이 따른다는 것을 아는 지혜가 나야 바라지 않는다. 원래 괴로움이 있다는 진리를 알아야 바라는 마음이 사라지고 단지 작용만 하는 마음으로 살아 자유를 얻는다.

# 195. 어제 오늘 내일

오늘 겪는 일은 과거의 원인으로 인해 생긴 결과로 온 것이다. 언젠가 알 수 없는 과거로부터 시작된 원인이 오늘 조건이 성숙되어 결과로 나타난 것이다. 과거에 형성된 무수한 원인은 항상 새로운 결과를 기다리고 있다.

하지만 오늘 생긴 결과도 이미 지나간 것이 되고 말며 새로운 원인에 의한 새로운 결과가 온다. 자신을 이끄는 것은 자신의 마음이며 자신의 마음은 매순간 변한다. 그러므로 원인도 매순간 변하고 결과도 매순간 변한다.

무엇도 고정된 실체가 없고 단지 일어나서 사라지는 연속적 현상만 있다. 그러니 무엇을 나의 것이라고 할 수 있는가? 오늘의 괴로움을 올만해서 온 것으로 받아들이면 내일 새로운 즐거움이 찾아온다.

# 196. 참혹한 패배

모든 것을 파괴하고 생명을 죽이는 전쟁은 자신의 마음에서부터 시작된다. 먼저 자신의 마음이 자신과 다툰 뒤 말로 남과 다투고 마지막에 행동으로 남과 다툰다. 그러다 생각으로 죽이고 말로 죽이고 행동으로 죽인다.

자신의 내면에서부터 일어난 전쟁은 가족끼리의 전쟁이 되고 사회의 전쟁이 되고 국가의 전쟁이 된다. 전쟁은 살아있는 생명을 죽이는 것으로 그치지 않고 인간성을 말살시킨다. 이런 모든 다툼에는 자아를 강화하려는 이기심과 끝없이 감각적 욕망을 충족하려는 어리석음이 있다.

자신과 가족과 사회를 파괴해서 얻는 것은 결코 승리가 아니고 가장 참혹한 패배다. 수행은 모든 다툼에서 벗어나려는 불굴의 노력이다.

# 197. 무상의 지혜

현상계에 있는 모든 것들은 진동한다. 자기 몸과 마음도 진동한다. 진동하는 것이 일어나고 사라지는 무상이다. 일어나고 사라지는 것은 누구의 힘으로 되지 않고 조건에 의해 일어나고 조건에 의해 소멸한다.

매순간 생성하고 소멸하는 과정에 있는 것들은 결코 같은 것이 없고 항상 새로운 것이다. 새로운 것을 밖에서 구하면 세상의 생멸만 보고 자신의 몸과 마음에 있는 생멸을 보지 못한다. 자신의 몸과 마음에 있는 생멸을 보지 못하면 무상의 진실을 완전하게 알지 못한다.

밖에서 새로운 대상을 찾는 사람은 감각적 욕망에 빠진다. 자신의 몸과 마음에서 새로운 것을 발견하면 무상의 지혜가 나 집착이 소멸한다.

# 198. 사람의 생각

사람의 생각은 모두 다르다. 사람의 숫자만큼 생각도 많다. 한사람의 생각도 항상 같은 것이 아니고 매순간 바뀐다. 사람들의 생각의 양과 깊이와 변화는 측정할 길이 없다.

서로의 생각이 공통의 목적을 가져서 일치할 수 있어도 본질적으로는 자기 생각에서 벗어나지 못한다. 생각이 같을 때는 종이 한 장 차이지만 다를 때는 전혀 별개의 세계다. 사람의 생각은 선심과 불선심이 다르고 업의 과보가 다르고 접촉하는 대상이 달라 결코 같을 수 없다.

생각이 같을 때는 함께 힘을 모으지만 다르면 끝없이 분열한다. 이것이 인간이 사는 세상의 현실이다. 서로 다른 생각으로 인한 괴로움에서 벗어나려면 오직 자신의 생각을 알아차려야 한다.

# 199. 어린이와 할머니

어린이와 할머니는 순수함에 있어서는 격이 같다. 서로가 함께 어울릴 때 가장 소통이 잘 된다. 하지만 어린이는 경험이 없고 할머니는 경험이 있다. 누구나 어린이로 태어나서 많은 것을 경험한 뒤에 할머니가 된다.

할머니는 일생을 살면서 경험한 소중한 것들을 어린이에게 돌려주어야 한다. 자신이 어렸을 때 배운 것을 그대로 되돌려주는 것은 자연스럽고 가장 아름다운 일이다. 어린이와 함께 있는 할머니는 다시 어린이로 돌아가 어린 시절의 순수함을 얻는다.

어린이의 해맑은 웃음은 축복이며 할머니에게는 행복이다. 할머니가 어린이의 마음이 되는 것은 인간의 고향으로 돌아온 것과 같다. 생명은 이렇게 아름답게 이어져야 한다.

# 200. 원하지 않는 방문

원하지 않는 방문을 받으면 괴롭다. 어느 날 갑자기 찾아온 병, 끊임없는 망상, 스팸메일, 만나기 싫은 사람을 계속해서 만나는 일, 이제 보이스 피싱까지 일상화되어서 정신을 바짝 차리고 살지 않으면 위험하다.

원하지 않는 마지막 방문은 죽음이다. 원하지 않는 방문은 나의 의지와 상관없이 일어난다. 세상의 일이 어떠하든 내가 해야 할 일은 모든 것을 하나의 대상으로 알아차리는 것밖에 없다.

원하지 않는 것을 피할 수 없듯이 내가 원한다고 해서 얻을 수 있는 것도 아니다. 무엇이나 내 마음대로 할 수 없기 때문에 사는 것이 괴로움이다. 이런 괴로움에서 벗어나려면 오직 있는 그대로 알아차려야 한다.

# *201.* 지혜는 비밀이다

사람의 지혜는 비밀이다. 사람이 어떤 지혜를 가졌는지 알 수 없으며, 또 지혜를 가지고 한 말이라도 참된 진리인지 알 수 없다. 사람은 모르는 것을 알뿐이라서 참된 진리가 있다고 해도 진정한 가치를 모른다.

최고의 지혜가 나지 않은 한 최고의 지혜가 무엇인지 알 수 없다. 세간에서는 모두 자기 말이 옳고 자기 말이 진리라고 한다. 어리석으면 삿된 견해를 진리라고 따른다. 출세간의 수행을 통해서 확신에 찬 믿음을 가질 때 바른 견해가 생긴다.

역사라고 해서, 종교라고 해서, 훌륭한 사람의 말이라고 해서, 논리적이라고 해서 진리라고 할 수 없다. 바른 가르침과 바른 스승도 선업의 공덕이 있어야 만난다.

# 202. 찬미

두려움에 떨면 어둠을 밝히는 달빛의 감미로움을 느끼지 못한다. 괴로움에 빠지면 어둠을 밝히는 별빛의 영롱함을 느끼지 못한다. 들뜸에 흔들리면 어둠을 노래하는 풀벌레 소리의 청량함을 느끼지 못한다.

슬픔에 젖으면 어둠을 노래하는 나뭇잎들의 속삭임을 느끼지 못한다. 달빛의 감미로움과 별빛의 영롱함과 풀벌레 소리의 청량함과 나뭇잎들의 속삭임은 내 마음이 만들어서 느낀다. 선한 마음이 없으면 자연의 아름다움이 있어도 느끼지 못한다.

선한 마음이 있으면 자연의 아름다움이 없어도 느낀다. 대상을 있는 그대로 알아차릴 때만이 오직 선한 마음이 되어 자연을 찬미한다. 행복도 내 마음이 만들고 불행도 내 마음이 만든다.

## 203. 강물과 찻잔의 물

선업의 과보가 많은 사람은 사소한 실수를 해도 큰 허물이 되지 않고 선한 과보에 묻혀버린다. 불선업의 과보가 많은 사람은 사소한 실수를 해도 큰 허물이 되어 불선과보가 드러난다. 선업의 과보가 많은 사람은 강물과 같고 불선업의 과보가 많은 사람은 찻잔에 담긴 물과 같다.

한주먹의 소금을 강물에 넣었을 때는 짠맛의 흔적이 없어 강물을 마실 수 있다. 한주먹의 소금을 찻잔에 넣을 때는 지나치게 짜서 찻잔의 물을 마실 수 없다.

누구나 할 수 있는 사소한 실수가 선한 일을 많이 한 사람에게는 불선과보가 미미하여 나타나지 않는다. 선하지 못한 일을 많이 한 사람에게는 사소한 실수도 가속도가 붙어 불선과보가 크게 나타난다.

# 204. 필요와 욕망

무슨 일이나 필요해서 하면 욕망으로 하지 않아 바른 결과를 얻는다. 필요한 일도 알아차리면서 하면 욕망으로 하지 않아 괴로운 결과를 예방할 수 있다. 욕망은 선하지 못한 마음으로 모든 것을 집착하여 결국에는 다시 태어나는 고통을 겪는다.

욕망이 당장에는 달콤한 느낌이나 윤회하는 결과는 뼈를 깎는 아픔보다 더 고통스럽다. 자신이 필요한 일이라고 해서 모든 것을 마음대로 할 수 있는 것도 아니다. 필요한 일도 상대가 있을 때는 상호간에 적절한 조건이 성숙되어야 한다.

자신의 필요만 주장하면 필요가 욕망이 되고 급기야는 성냄이 되고 결과적으로 어리석음이 된다. 대상을 있는 그대로 알아차릴 때만이 고통이 없는 삶을 연다.

# 205. 기억의 기능

기억은 단순하게 과거를 기억하는 기능만 있지 않다. 과거에 있던 일을 잊어버리는 기능도 있다. 그래서 기억이 약이 되기도 하고 독이 되기도 한다. 인간은 과거의 기억을 바탕으로 살아서 얻는 이익이 있지만 오히려 과거를 잊어버려서 자유롭게 사는 이익도 있다.

인간은 계속 확인하는 기억과 계속 버려야 할 기억을 함께 가지고 있다. 필요한 기억은 잊어버리지 않아야 정상적으로 살지만 불필요한 기억은 잊어버려야 오히려 삶이 윤택하다. 마음은 매순간 일어났다가 사라지기 때문에 지난 일을 정확하게 기억할 수 없다.

기억은 믿을 것이 못되니 전적으로 의지해서는 안 된다. 오직 현재를 알아차리는 것을 기억하는 것만 믿을 수 있다.

# 206. 윤회의 진실

어떻게 윤회를 하는가? 감각기관이 감각대상과 접촉해서 생긴 느낌이 욕망을 일으켜 연기를 회전시켜서 윤회한다. 무엇이 윤회하도록 하는가? 내가 있다고 생각하면 오직 자아를 강화하기 위해 살기 때문에 집착하여 업을 생성해서 태어나는 결과가 생긴다.

윤회는 괴로움인가? 윤회를 하면 누구나 피할 수 없는 생로병사의 괴로움을 겪는다. 무엇이 윤회를 끊는가? 몸과 마음을 있는 그대로 알아차리면 맨느낌이 일어나 욕망이 생기지 않아 태어날 원인이 소멸한다.

태어나게 하는 원인인 욕망이 끊어지려면 모든 것이 변한다는 무상과, 사는 것이 하찮고 실체가 없다는 고와, 내가 소유하거나 마음대로 할 수 없다는 무아의 지혜가 나야 한다.

## 207. 삶

살기 위해서 사는가? 죽기 위해서 사는가? 자신의 마음이 살고 죽는 것을 이끈다. 젊은 사람은 살기 위해서 살고, 늙은 사람은 죽기 위해서 살지 않는다. 마음이 긍정적이면 살기 위해서 살고, 부정적이면 죽기 위해서 산다.

삶에서는 모든 것이 가공이 아닌 실재다. 삶은 연습이 없다. 모두 현실이고 있는 그대로의 실재다. 불선심인 탐욕, 성냄, 어리석음도 실재다. 선심인 관용, 자애, 지혜도 실재다. 현재 경험하고 있는 일이라면 실재가 아닌 것이 없다.

그러므로 반드시 자기가 행한 대로 받는다. 어리석으면 삶을 투쟁으로 만들어 자신을 구속하여 불행하게 산다. 지혜가 있으면 삶을 조화롭게 꾸며 스스로 평화를 만들어 행복하게 산다.

# 208. 나의 전부

내가 사는 것은 몸과 마음이 있어서 산다. 더 정확하게 몸과 마음에 있는 6가지 감각기관으로 들어오는 정보로 산다. 6가지 감각기관인 눈, 귀, 코, 혀, 몸, 마음이 6가지 감각대상과 접촉해서 6가지 아는 마음으로 사는 것이 전부다. 이와 같은 18계를 벗어난 어떤 실재도 없다.

이상 3가지 접촉을 통해서 살고 있기 때문에 이것을 전부라고 한다. 내가 손에 쥘 수 있는 것은 3가지 접촉이 전부다. 하지만 이것은 내가 소유할 수 있는 것이 아니다.

감각기관과 감각대상과 아는 마음이 접촉한 순간 모든 것들은 일어나서 사라지고 만다. 그러니 얻었다고 해도 내가 얻은 것이 아니다. 그럴진대 과연 내가 무엇을 얻었다고 기뻐할 수 있겠는가?

# 209. 붓다의 유언

붓다께서는 다시 태어남이 없는 반열반에 드시면서 지금까지 자신이 밝힌 법 외에 어떤 비밀도 없다고 하셨습니다. 그리고 향후 교단을 이끌어갈 지도자가 누구라고 정하지도 않았습니다. 오직 자기 자신을 의지처로 삼고 법을 의지처로 삼으라고 하셨습니다.

뿐더러 다른 사람을 의지처로 삼지 말라고 하셨습니다. 자기 자신을 의지처로 삼고 법을 의지처로 삼고 다른 사람을 의지처로 삼지 않으려면 열심히 노력하고 세상에 대한 탐욕을 버리고 몸, 느낌, 마음, 법을 알아차리는 사념처 위빠사나 수행을 하라고 하셨습니다.

마지막에는 "모든 것은 변하는 성질을 가지고 있다. 열심히 노력하여 완성하라"는 간곡한 유언을 남기셨습니다.

# 210. 마음

내 마음에는 선심과 불선심이 함께 있다. 선한 조건에서 선심이 일어나고 선하지 못한 조건에서 불선심이 일어난다. 선심과 불선심이 함께 있지만 서로 섞이지 않는다. 마음은 한순간에 하나밖에 없기 때문이다.

선심일 때는 지혜가 있어 행복하고 불선심일 때는 어리석어서 불행하다. 선한 조건이 선심을 일으키면 선행을 하여 선과보가 생긴다. 이 선과보가 다시 선심을 일으킨다. 선하지 못한 조건이 불선심을 일으키면 불선행을 하여 불선과보가 생긴다.

이 불선과보가 다시 불선심을 일으킨다. 이러한 흐름이 연기의 원인과 결과며 윤회의 상속이다. 이러한 마음은 매순간 일어나고 사라지는 순간의 마음일 뿐이지 나의 마음이 아니다.

# 211. 내면의 통찰

이제 자기가 자신을 이끌어야 한다. 자신의 일을 남에게 맡겨서는 안 된다. 자신의 문제는 남이 해결해주지 못한다. 자기 스스로 이끌 때만이 바른 길을 간다. 먹고 입고 자는 것은 남의 도움으로 될 수 있지만 자신의 마음을 이끄는 것은 오직 자신만 할 수 있다.

이제 자신을 이끄는 자기 마음을 알아차려야 한다. 자신의 마음을 알아차리지 못하면 과거의 습관적인 마음으로 살아 탐욕과 성냄과 어리석음에서 벗어나지 못한다. 모든 것은 마음이 하는데 자신을 이끄는 마음을 알아차리지 못하면 결코 새로운 삶을 살 수 없다.

자신의 마음을 알아차린 뒤에 조용히 호흡에 마음을 기울여야 한다. 내면의 통찰 없이는 자유를 얻지 못한다.

# 212. 사랑은 생명의 원천

사랑은 인간에게 가장 고귀한 생명의 원천이다. 인간은
선한 사람도 살고 선하지 못한 사람도 산다. 사랑이 있는
사람도 살고 사랑이 없는 사람도 산다. 선한 사람은 사랑
이 있어 풍요하고 지혜롭게 산다.

선하지 못한 사람은 사랑이 없어 삭막하고 어리석게 산
다. 사랑이 풍족하게 자란 사람은 바른 생각을 하여 스스
로 행복한 길을 간다. 사랑이 부족하게 자란 사람은 비뚤
어진 사고방식을 가져 스스로 괴로운 길을 간다.

사랑이 부족하여 감성이 척박하면 분열현상을 일으켜 정
상적인 삶을 살지 못한다. 특히 어린 시절의 사랑은 바른
품성을 형성하는데 결정적인 작용을 한다. 편애와 핍박과
다툼 속에서 살면 이런 세계밖에 모르고 산다.

# 옹 달 샘

## 8

## 괴로움의 출구

남의 비난을 받고 상대를 비난하지 않으면 현명한 자다. 남이 내게 화를 내
도 상대에게 화를 내지 않으면 청정한 자다.
남의 어리석음에 똑같이 어리석음으로 대하면 남과 내가 다를 것이 없다.

## 213. 이기심과 자애

이기적이면 욕망이 많아 원하는 것을 쉽게 얻을 수 있다. 이기적인 사람은 얻어도 인색해서 마음이 평화롭지 못하다. 자기만 알면 고독한 성에 갇혀서 사는 죄수와 같다. 이기적인 욕망으로 마음이 평화롭지 못하면 재산이나 지위를 얻어도 손실을 본 것이다.

자애로운 사람은 관용이 많아 원하는 것을 쉽게 얻지 못할 수 있다. 자애로우면 얻지 못해도 관대해서 마음이 평화롭다. 자애가 있어 마음이 평화로우면 재산이나 지위를 얻지 못해도 이익을 본 것이다.

마음이 평화롭고 고요해지면 들뜨고 긴장하지 않아 법의 성품을 보는 지혜가 난다. 존재의 특성인 무상, 고, 무아의 지혜가 나면 이기적인 마음이 자애가 되어 해탈의 자유를 얻는다.

# 214. 진리의 실재

네 가지 성스러운 진리는 괴로움이 있고, 괴로움의 원인은 집착이고, 괴로움은 소멸하고, 괴로움은 소멸은 팔정도다. 고집멸도(苦集滅道) 사성제는 괴로움의 일어남과 소멸이 함께 있는 누구에게나 적용되는 진리다.

모든 사람은 진리 앞에서 평등하다. 진리에 대한 가르침은 불교를 믿는 자에게만 허용되지 않는다. 불교를 믿지 않는 자에게도 문이 열려 있다. 진리는 원하는 자에 의해 밝혀지므로 개인의 신분에 구애받지 않는다.

진리는 특정한 사람이나 종교의 전유물이 아니다. 진리가 어떤 비밀을 가지고 있어서는 안 된다. 만약 진리가 비밀이라고 한다면 보편적 가치를 지닌 것이 아니고 특정한 사람들만의 것이라서 진리가 아니다.

# 215. 사람

좋은 사람도 있고, 싫은 사람도 있고, 그저 그런 사람도 있다. 이것이 현실이라면 있는 그대로 알아차려서 받아들여야 한다. 좋은 사람을 보면 기분이 좋고, 싫은 사람을 보면 기분이 나쁘고, 그저 그런 사람을 보면 덤덤하다.

이것이 현실이라면 있는 그대로 알아차려서 받아들여야 한다. 밖에 있는 대상에서는 답을 구할 수 없다. 모두 자기 축적된 성향으로 산다. 답을 구할 수 있는 방법은 오직 대상을 받아들이는 자기 마음에 있다.

좋은 사람을 보면 좋아서 집착하고, 싫은 사람을 보면 미워서 화를 내고, 그저 그런 사람을 보면 무관심해서 어리석다. 있는 그대로 알아차리면 차별이 일어나지 않고 단지 대상을 아는 평등한 마음이 된다.

# 216. 기대의 충족

무슨 일이나 모두 기대를 가지고 시작한다. 허나 모든 일에서 자신이 원하는 만큼의 기대가 충족되기 어렵다. 자신의 기대는 이기적 욕망과 독선이 숨겨져 있다. 새로운 일에 대한 시작이나 사람과의 만남은 바란 만큼 실망하기 마련이다.

욕망은 최고의 것을 얻어도 만족할 수 없는 특성이 있다. 그래서 욕망은 괴로움이며 이것이 바로 어리석음이다. 바른 법의 가치는 법 자체에 있지 않고 법을 통하여 자신의 마음을 계발하는 데 있다.

그러므로 자신이 하는 일이나 만나는 사람에게서 자기 기대를 충족시키려 하지 말아야 한다. 오직 자신의 원하는 마음을 법으로 알아차려서 통찰지혜를 얻을 때만이 비로소 자신의 기대를 충족시킬 수 있다.

# *217.* 한 때

즐거움도 한 때고 괴로움도 한 때다. 기쁨도 한 때고 슬픔
도 한 때다. 모든 것은 일어난 순간에 사라진다. 일어나서
사라진 뒤에 다시 일어나는 것은 같은 것이 아니고 다른
것이다. 무엇도 항상 하지 않아 영원한 것이 없다.

생명도 매순간 태어나서 매순간 죽는다. 이처럼 일어나서
사라지는 것이 연속되는 과정이 인간의 일생이다. 일어나
서 사라지는 것이 길거나 짧은 수명의 차이가 있을 뿐이다.

살아있는 생명은 매순간이 생일이다. 매순간 일어나서 사
라지는 생명을 소유하는 자아가 없어 무아다. 단지 순간
의 마음이 경험한다. 이전의 마음과 현재의 마음과 지금
이후의 마음은 다르다. 인간은 있어도 실체가 없어 공(空)
이다.

## 218. 괴로움의 출구

남의 비난을 받고 상대를 비난하지 않으면 현명한 자다. 남이 내게 화를 내도 상대에게 화를 내지 않으면 청정한 자다. 남의 어리석음에 똑같이 어리석음으로 대하면 남과 내가 다를 것이 없다.

어리석음에는 어리석음으로 대하지 않고 있는 그대로 알아차려서 지혜로 대해야 한다. 어리석으면 윤회를 계속하여 영원히 괴로움에서 벗어나지 못한다. 남이 잘못한 일을 그대로 따라서 하면 업의 과보가 되풀이 되어 자신의 행복을 빼앗긴다.

복수하는 마음이 있는 한 결코 행복할 수 없다. 업의 과보가 상속되어 악순환이 되풀이 되는 것이 윤회다. 무엇이나 하나의 대상으로 알아차릴 때만이 어리석음이 지혜로 바뀌어 괴로움뿐인 윤회가 끝난다.

# 219. 세상과 나의 분리

자기가 해야 할 일이 무엇인지 알고 그 일을 실천하여 마음을 계발하는 것이 수행이다. 세상에는 세상의 일이 있고 나에게는 내 일이 있다. 세상의 일과 내 일을 구별하지 못하면 불필요한 일로 허송세월을 산다.

내 일도 제대로 못하면서 세상의 일로 걱정만한다면 자기 발전이 없다. 내가 세상의 일을 마음대로 할 수 없듯이 세상도 내 일을 마음대로 할 수 없다. 자신이 해야 할 일은 오직 나만 할 수 있다. 내 마음도 어쩌지 못하는데 세상 사람의 마음을 어떻게 할 수는 없다.

내가 세상에 대해 바라는 마음이 있지만 세상은 내 마음대로 움직여 주지 않는다. 남과 나의 영역을 분리해서 자신의 일에 충실해야 남과 내가 평화롭게 산다.

# 220. 선악의 조화

절대 선이 맹목적이면 항상 절대 악이 될 위험을 안고 있다. 선한 것도 일방적일 때는 순기능이 아닌 역기능을 한다. 선은 절대 필요한 것이지만 불선을 극단적으로 배척하면 평화가 없다. 어차피 선이 있다면 불선이 함께 있기 마련이다.

이 두 가지가 조화를 이룰 때라야 진정한 선이 이루어진다. 수행은 선과 불선을 모두 있는 그대로 알아차릴 대상으로 삼아 다툼이 없다. 종교인이라고 해서 모두 선하다고 할 수 없다. 종교가 선한 가르침을 펴도 받아들이는 사람에 따라 선과 악의 차이가 있다.

종교를 장식으로 삼아 치장하거나, 삶의 수단으로 삼아 남을 배척하기도 한다. 허나 내면의 정신으로 삼아 지혜를 계발하는 사람도 있다.

# *221.* 근본사상

붓다의 근본사상은 고집멸도(苦集滅道) 사성제다. 첫째, 괴로움이 있는 진리는 불교가 존재하는 이유다. 인간은 오직 괴로움을 해결하는 것이 전부다. 둘째, 괴로움의 원인이 갈애라는 진리는 괴로움을 일으키는 원인에 대한 규명이다. 셋째, 괴로움이 소멸하는 진리는 열반으로 불교의 궁극의 목적이다. 이상 세 가지는 불교의 사상적인 면을 드러낸다.

넷째, 괴로움의 소멸에 이르는 진리는 팔정도다. 팔정도는 괴로움을 소멸시키는 중도며 사념처 위빠사나 수행이다. 팔정도는 계정혜 삼학으로 불교의 윤리적인 면을 드러낸다.

불교는 괴로움뿐인 염세주의가 아니며 그렇다고 낙천주의도 아니다. 단지 사실에 입각한 네 가지 성스러운 진리다.

## 222. 평온함

욕망을 가진 자는 할 일을 다 하고 기다리는 평온함을 누리지 못한다. 선한 일도 욕망을 가지고 하면 균형을 잃기 마련이라서 후회만 남는다. 욕망은 제어기능이 없는 날개와 같아서 끝없이 날개 짓을 한다.

자기 절제가 없으면 무엇이나 욕망으로 하기 때문에 항상 괴로운 결과를 맞이한다. 바라는 마음으로 공덕을 짓는 행을 하면 욕망이 숨겨져 있어 선한 일을 하고도 괴로움을 겪는다. 바라는 마음이 없는 자는 할 일을 다 하고 기다리는 평온함을 누린다.

평온함이 깨달음은 아니지만 깨달음으로 가는 중요한 과정이다. 평온함이 없으면 몸과 마음이 긴장하여 있는 그대로 알아차릴 수가 없어 무상, 고, 무아의 통찰지혜를 얻을 수 없다.

# 223. 조화와 부조화

다양한 사람이 모인 곳에는 항상 다양한 문제가 있다. 누구나 개성을 가지고 있어서 사람은 다양한 것이 특성이다. 개성은 과거부터 축적되어 내려온 원인과 결과다. 축적된 성향은 실재하는 것으로 알아차릴 대상이다.

축적된 성향이 조화를 이루면 아름다운 화음이 되고 조화를 이루지 못하면 불협화음이 된다. 가장 아름다운 소리는 사람의 소리고 기장 추악한 소리도 사람의 소리다. 가족은 개성이 있는 사람이 모여 있는 곳이다.

가정은 자기 본성을 쉽게 드러내는 곳이라서 사랑이 깃든 곳이거나 때로는 치열한 전쟁터가 된다. 수행자들의 모임도 이와 다르지 않다. 수행자들의 모임도 언제나 화합의 조화와 갈등의 부조화가 함께 있다.

## 224. 다른 세상

인간에게는 인구만큼의 다른 세상이 있다. 같은 세상을 살아도 마음이 다르면 다른 세상을 산다. 마음은 매순간 일어나고 사라지면서 선한 마음과 선하지 못한 마음이 교차한다. 또 매순간 선한 과보심과 선하지 못한 과보심이 일어나 자신의 의도와 상관없이 지배를 받는다.

과거에 한 행위로 인해서 생긴 원인과 결과의 마음이 내 의지와 상관없이 내 마음을 조정한다. 이처럼 인간은 마음이 있는 것으로는 같지만 마음가짐에 따라 전혀 별개의 존재다.

별개의 마음을 있는 그대로 알아차리면 단지 대상을 아는 마음 하나로 정화된다. 별개의 마음을 있는 그대로 알아차리지 못하면 저마다 다른 세상에 사는 혼란으로 인해 괴로움뿐이다.

# 225. 법(法)

法은 알아차릴 대상의 법이 있고 알아차린 결과로 생기는 진리의 법이 있다. 알아차릴 대상의 법은 몸과 마음이고 진리의 법은 무상, 고, 무아다. 법은 와서 보라고 나타났다. 몸과 마음에서 나타난 법은 지금 여기에 이것이 있으니 있는 그대로 알아차리라고 생긴 대상이다.

와서 보라고 나타난 대상을 탐욕으로 대하거나 없애려고 하면 있는 그대로 볼 수가 없다. 그러면 대상이 가지고 있는 진실인 무상, 고, 무아를 볼 수 없다. 대상의 법에는 선악의 차별이 없다.

선하거나 악하거나 모두가 알아차릴 대상이다. 세속의 법을 있는 그대로 알아차리면 출세간의 법이 된다. 출세간의 법을 알아차리면 완전한 지혜가 나서 해탈의 자유를 얻는다.

# 226. 혹시나

인간은 끊임없는 도전을 거듭하고 좌절하면서 성숙한다. 도전은 미래의 희망이므로 너무 결과에 연연해서는 안 된다. '혹시나' 하고 기대한 일이 '역시나' 하는 좌절로 끝맺을 수 있다. 그렇다고 기대를 저버려서는 안 된다.

'혹시나'가 '역시나'가 되어도 희망을 가지고 계속 도전해야 한다. 기대는 무모함이 있기 마련이고 기대하는 마음이 자신을 속이더라도 얼마쯤은 알고도 속아야 한다. 도전이 좌절을 겪는 원인은 밖에 있지 않고 자신의 마음가짐에 있다. 잠재적 성향은 개선하기가 어렵기 때문에 쉽게 뜻을 이루기 어렵다.

어리석음을 지혜로 바꾸려면 혼자의 노력으로는 부족하다. 반드시 바른 가르침과 스승의 도움이 필요하다.

# 227. 괴로움의 소멸

몸과 마음의 있는 그대로의 현상이 진리다. 붓다께서는 세계, 세계의 원인, 세계의 소멸, 세계의 소멸로 이끄는 길을 선언하셨다. 이때의 세계는 몸과 마음이 가지고 있는 괴로움이다. 괴로움은 참기 어려운 것으로 하찮고 실체가 없다.

무명이 눈을 가리면 괴로움을 참지 못하여 크게 생각하고 실체가 있는 것으로 안다. 괴로움은 세상에 태어난 이상 불가피 있을 수밖에 없다. 이것이 괴로움의 진리다. 있을 수밖에 없는 괴로움을 있는 그대로 알아차리면 괴로움의 원인이 욕망이라는 것을 안다.

이것이 괴로움의 원인에 대한 진리다. 괴로움이 있는 것을 알고 괴로움의 원인이 욕망이라는 것을 아는 지혜가 날 때만이 괴로움이 소멸한다.

# *228.* 조화의 슬기로움

자신이 살아갈 권리가 있다면 다른 사람도 똑같이 살아갈 권리가 있다. 자신의 권리만 존중하고 남의 권리를 존중하지 않으면 자신의 권리가 존중되지 않는다. 자신의 존엄과 평화를 지키려면 다른 사람뿐만 아니라 살아있는 모든 생명의 존엄과 평화까지도 존중해야 한다.

자신과 남과의 조화가 모든 생명의 행복과 평화의 선결조건이다. 그러기 위해서는 상대의 생존에도 관심을 가져야 한다. 자신의 의견만 강조하지 말고 상대의 의견에도 귀를 기울여 들어야 한다.

상대가 말할 때 무조건 옳고 그름을 따지지 말고 하나의 의견으로 받아들여야 한다. 모든 사람이 똑같은 의견을 가질 수 없다는 것을 아는 것이 조화를 이루는 슬기로움이다.

# 229. 네 가지 노력

노력은 바른 노력과 바르지 못한 노력이 있다. 바른 노력은 선한 의도로 행복을 가져온다. 바르지 못한 노력은 선하지 못한 의도로 불행을 가져온다. 바른 노력이 없으면 궁극의 진리를 알지 못해 지고의 행복을 얻지 못한다.

바른 노력은 네 가지가 있는데 막는 노력과, 제거하는 노력과, 계발하는 노력과, 유지하는 노력이 있다. 막는 노력은 아직 생기지 않은 해로운 의도가 일어나지 않도록 한다. 제거하는 노력은 이미 생긴 해로운 의도를 알아차려서 제거한다.

계발하는 노력은 아직 생기지 않은 유익한 의도가 일어나도록 한다. 유지하는 노력은 이미 생긴 유익한 의도가 계속 생기도록 하여 사라지지 않게 하고 더욱 증장시켜 완성한다.

# 230. 집중의 차이

집중은 알아차림을 지속시켜서 생긴 새로운 정신세계다. 집중은 대상을 억제하는 집중과 놓고 보는 집중이 있다. 억제하는 집중은 사마타 수행으로 선정의 고요함을 얻기 위해서 대상과 하나가 되는 근본집중이다.

놓고 보는 집중은 위빠사나 수행으로 지혜를 얻기 위해서 대상을 분리해서 보는 찰나집중이다. 사마타 수행의 근본집중은 혼란을 억제한다. 위빠사나 수행의 찰나집중은 혼란을 있는 그대로 알아차린다.

집중이 되지 않는다고 말할 때는 사마타 수행의 집중을 바라기 때문이다. 위빠사나 수행의 집중은 혼란 그 자체가 알아차릴 대상이기 때문에 수행을 한 것 같지 않다. 하지만 오히려 이러한 과정을 통해서 지혜를 얻는다.

# 231. 욕망의 혐오

여섯 가지 감각기관이 여섯 가지 감각대상과 접촉할 때
여섯 가지 감각적 욕망이 일어난다. 감각기관이 감각대상
과 접촉할 때 알아차리지 못하면 여섯 가지 욕망의 노예
로 살아 고통을 겪는다.

눈, 귀, 코, 혀, 몸, 마음의 문으로 들어오는 감각적 욕망
은 때와 장소를 가리지 않고 들어와 주인행세를 한다. 감
각기관이 감각대상과 접촉할 때 알아차림이 있으면 욕망
의 노예로 살지 않는다. 어리석으면 감각적 욕망을 집착
한다.

감각적 욕망에 눈이 멀면 개미가 꿀에 빠져 죽듯이 비참
한 죽음을 맞이한다. 지혜가 있으면 감각적 욕망을 혐오
한다. 욕망을 혐오하면 집착이 사라지고 집착이 사라지면
다시 태어남이 없어 고단한 삶의 여정이 끝난다.

# 232. 좋은 것의 집착

좋은 것이나 아름다운 것을 대할 때 무조건 혐오해서는 안 된다. 무엇이나 부정적으로 보면 관용과 자애가 없어 지혜가 나지 않는다. 좋은 것이나 아름다운 것이 있을 때는 있는 그대로 알아차려야 한다.

좋은 것에는 감각적 욕망의 독이 묻어 있으므로 화를 입지 않도록 해야 한다. 좋은 것이 있을 때는 좋은 것을 집착하는 것을 혐오해야 한다. 집착을 혐오하지 않으면 감각적 욕망에 취해 비극적인 결말을 맺는다.

좋은 것을 있는 그대로 느끼는 것과 좋은 것을 집착하는 것은 다르다. 집착을 하면 몸과 마음이 욕망의 불길에 휩싸여서 있는 그대로의 진실을 볼 수가 없다. 좋은 것을 집착하지 않을 때만이 계속해서 좋은 것으로 남는다.

# 233. 조건의 성숙

무슨 일이 될 것 같으면서도 안 되고 안 될 것 같으면서도 된다. 모든 일이 조건에 따라 결과가 생기므로 결국에 될 일은 되고 안 될 일은 안 된다. 내가 원한다고 해서 반드시 그대로 되지 않는다.

내가 욕망을 가지고 하면 이기적으로 하게 되어 바른 조건을 성숙시키지 못한다. 처음부터 결과를 기대하지 말고 자기 할 일을 다 해야 한다. 결과는 원인이 만드는 것이므로 언제나 적절한 원인을 성숙시키는 것이 우선이다.

좋은 원인도 만들지 않고 좋은 결과를 기대하는 것은 탐욕이며 어리석음이다. 좋은 조건을 성숙시키는 일은 매우 많다. 항상 선한 일을 하고 대상을 있는 그대로 알아차리는 노력을 하면 최적의 조건을 성숙시키게 된다.

# 234. 수행을 못하는 이유

행복은 관용, 자애, 지혜의 선한 마음에서 온다. 선한 마음을 실천하려면 보시, 지계, 수행을 해야 한다. 수행은 선업의 공덕 중에서 가장 으뜸가는 덕목이다. 수행을 하면 마음이 계발되어 지혜를 얻는다.

인간의 괴로움은 오직 지혜로써만이 해결할 수 있다. 지혜가 있으면 괴로움이 생길 일을 하지 않고 이미 생긴 괴로움도 소멸된다. 지혜에 따라 차츰 의식의 표피층에 있는 성냄이 사라지고 의식의 중간층에 있는 탐욕이 사라지고 의식의 깊은 층에 있은 어리석음이 사라진다.

수행은 선업의 공덕이 없으면 시작하지 못하며 지속하지도 못한다. 수행을 못하는 이유가 있다. 바로 그 이유 때문에 수행을 해야 한다. 그 이유는 어리석음이다.

# 235. 호기심

호기심에는 어리석음과 지혜가 있다. 어리석은 호기심은 불행으로 이끈다. 지혜로운 호기심은 행복의 날개를 단다. 무언가를 계속 찾을 때 몸과 마음이 아닌 밖에서 답을 구하면 어리석은 호기심이다. 거기에 답이 없기 때문이다.

무언가를 계속 찾을 때 몸과 마음에서 답을 구하면 지혜로운 호기심이다. 거기에 답이 있기 때문이다. 밖에서 답을 구하면 욕망이 일어나 눈이 흐려진다. 내면에서 답을 구하면 통찰력이 생겨 눈이 밝아진다.

어리석은 호기심은 태어나서 죽는 고통을 위해 노력한다. 지혜로운 호기심은 태어나서 죽지 않는 자유를 위해 노력한다. 수많은 생애동안에 태어남과 죽음을 경험하고도 또 경험하려는 호기심은 어리석다.

# 236. 어리석음과 욕망

어리석으면 감각적 욕망을 집착하고 욕망에 숨겨진 괴로움을 알지 못한다. 지혜가 있으면 욕망에 숨겨진 괴로움을 알아 감각적 욕망을 집착하지 않는다. 괴로움을 알지 못하면 욕망을 충족시키기 위해 노력하지만 괴로움을 알면 욕망을 끊어버린다.

모든 괴로움은 어리석음으로 인해서 생긴 감각적 욕망으로부터 온다. 어리석어서 감각적 욕망이 일어나고 감각적 욕망이 어리석음을 더욱 키워 서로 부추긴다. 어리석음과 감각적 욕망은 하나로 연결된 마음이다.

과거에 어리석음을 우두머리로 삼고 산 원인으로 현재에는 감각적 욕망을 동반자로 삼아서 산다. 감각적 욕망은 한순간의 느낌이지만 욕망이 남긴 피해는 오랫동안 괴로움을 준다.

# 237. 법의 맛

탐욕의 맛이 달콤해도 관용의 맛에 비하면 쓰다. 성냄의 맛이 달콤해도 자애의 맛에 비하면 쓰다. 어리석음의 맛이 달콤해도 지혜의 맛에 비하면 쓰다. 달콤한 맛이라고 해서 항상 달콤한 맛이 아니다. 달콤한 맛 뒤에는 언제나 쓴맛이 따른다.

하지만 달콤한 맛이나 쓴맛을 뛰어넘는 청정하고 고귀한 맛이 있다. 탐욕, 성냄, 어리석음의 맛이나 관용, 자애, 지혜의 맛을 있는 그대로 알아차리면 법의 맛이 있다. 어떤 맛보다 대상을 있는 그대로 알아차리는 법의 맛이 가장 수승하다.

대상을 있는 그대로 알아차리면 법의 탐구, 정진, 희열, 평안, 집중, 평등의 단계적 법의 맛이 있다. 그 뒤 무상, 고, 무아의 법의 맛을 보는 것이 깨달음이다.

# 238. 선택의 고민

이렇게 할 것인가, 저렇게 할 것인가, 이러지도 저러지도 못하겠는가? 무언가를 선택하는 순간이 오면 고심한다. 무엇이나 즉시 결정하지 말고 먼저 현재의 상태를 알아차려야 한다. 알아차리지 못하면 선입관으로 판단하여 바른 선택을 못한다.

알아차림은 선한 마음으로 하는 청정한 행위라서 번뇌가 들어오지 못하도록 문지기의 역할을 한다. 알아차리고 나서 내린 결정은 어떤 결과가 되었거나 받아들여서 존중해야 한다. 이러지도 저러지도 못할 때는 어떻게 하려고 하지마라.

이때는 어쩌지 못하고 있는 것을 그대로 알아차려야 한다. 꼭 하나를 선택해야 하는 것만은 아니다. 결정하지 않고 알고만 있는 것이 좋은 결과가 될 수도 있다.

# 239. 불행하지 않은 행복

행복하지 못해서 불행한 것과 불행하지 않아서 행복한 것은 다르다. 행복하지 못해서 불행할 때의 행복은 감각적 욕망이다. 불행하지 않아서 행복할 때의 행복은 내면의 통찰을 통해서 생긴 지혜다.

행복하지 못해서 불행하게 느끼는 것은 행복에 대한 바른 견해를 가지고 있지 못하기 때문이다. 최상의 행복은 부귀영화가 아니다. 인간이 살아가는 진실을 알아 모든 집착으로부터 벗어난 자유를 누릴 때 최상의 행복을 누린다.

누군가가 나를 알아주는 것에서 행복을 찾지 말아야 한다. 자신이 원하는 물질이나 명예를 얻는 것에서 행복을 구하지 말아야 한다. 지고의 행복은 몸과 마음이 고요해져 무아의 이치를 알아 집착이 사라질 때 얻는다.

# 240. 현명한 자의 지혜

사람을 관념으로 보면 모양만 보고 실재를 보면 마음을 본다. 사람은 모양이 전부가 아니고 보이지 않는 마음이 있다. 이것을 알 때 비로소 사람을 안다. 지혜가 더 향상되면 마음만 있는 것이 아니고 과거에 한 행위에 따른 습관적인 마음이 있는 것도 안다.

범부는 보이는 것만 보지만 현자는 보이지 않는 것까지 본다. 즐거움에는 괴로움이 있고 괴로움에는 즐거움이 있다. 즐거울 때 즐거움을 알아차리면 괴로움이 생기지 않는다. 괴로울 때 괴로움을 알아차리면 즐거움이 생긴다.

보이는 것만 보면 감각적 욕망의 즐거움을 집착하여 괴로움을 이겨내기 어렵다. 보이지 않는 것을 보는 지혜가 나야 견디기 어려운 괴로움을 이겨낼 수 있다.

# 241. 인간의 삶

인간의 삶은 태어나서 살다가 죽는 것이 전부다. 단지 어떻게 생존하느냐 하는 차이가 다르다. 인간은 좋은 가문에 태어나거나 천한 가문에 태어나거나 태어나고 죽는 것은 똑같다. 다만 좋은 가문에 태어나도 반드시 행복하지 않다.

천한 가문에 태어나도 반드시 불행하지 않다. 좋은 가문에 태어나도 과거에 지은 불선업이 많으면 가문의 혜택을 누리지 못한다. 또 타인의 나쁜 영향을 받아들여 자신을 천하게 한다. 천한 가문에 태어나도 과거에 지은 선업이 많으면 스스로 삶을 고귀하게 한다.

또 타인의 좋은 영향을 받아들여 자신의 성품을 고매하게 한다. 살아있는 생명 중에서 오직 인간만 자신의 행복과 불행을 결정할 선택권이 있다.

## *242.* 기대는 기대다

기대에 속고 사는 것이 인생이다. 기대는 단지 기대로 그쳐야한다. 기대가 꼭 실현되기를 바라면 욕망이 된다. 욕망은 집착을 하기 마련이라 괴로움이 생긴다. 기대는 하나의 가능성이며 희망이다. 희망은 되지 않을 수도 있는 가능성까지 포함한 것이다.

기대에 그치지 않고 꼭 그렇게 되기를 바라면 자신의 덫에 걸려 괴로움을 겪는다. 자신이 원하는 대로 다 되면 오히려 위험하다. 무엇이나 자기 마음대로 할 수 있다면 독선적인 마음이 되어 교만해진다.

바란 만큼 기대에 미치지 못할 때는 오히려 집착을 끊을 수 있는 절호의 기회다. 기대가 집착이 되지 않게 하려면 하는 일을 즐겨야 한다. 모든 가능성을 그대로 존중하는 것이 지혜다.

# 243. 괴로움의 원인

모든 괴로움의 근본원인은 어리석음과 욕망이다. 어리석어서 욕망을 가지고 한 행위로 인해 태어남이 있다. 태어남이 괴로움을 일으키는 원인이다. 태어난 이상 늙고 병들어 죽는 괴로움을 피할 수 없다.

태어남으로 인해 자아가 생겨 잘못된 견해에 빠진다. 이런 유신견이 괴로움을 일으키는 원인이다. 내가 있다는 견해로 인해 똑같은 어리석음과 욕망을 되풀이 한다. 생명이 과거에서 현재로 다시 미래로 진행되면서 생을 되풀이 하는 것이 윤회다.

괴로움이 없는 자유는 몸과 마음을 있는 그대로 알아차릴 때 얻을 수 있다. 무상, 고, 무아의 통찰지혜가 나면 어리석음과 욕망이 지혜와 욕망의 소멸로 바뀌어 모든 괴로움의 원인이 사라진다.

# 옹달샘

*9*

## 말의 후회

말이 많았다고 후회하지 마십시오. 후회하면 욕망을 가지고 화를 내는 것
입니다. 후회로는 만족할만한 결과를 얻지 못합니다.
하지 않으려고 하는 것도 욕망으로 하면 해결되지 않습니다.
말이 많았을 때는 단지 말을 많이 한 것을 알아차리십시오.

# 244. 듣고 보는 자

"여보게" 불러도 귀 있는 자는 "왜 그러는가?" 하고 대답하지만 귀 없는 자는 대꾸도 하지 않는다. "여기 법이 있네" 하고 말하면 눈 있는 자는 있는 그대로 보지만 눈 없는 자는 보려고도 하지 않는다.

자기 견해에 사로잡히면 불러도 대답하지 않고 있어도 보지 못한다. 자기 마음의 문을 닫으면 암흑에서 살기 때문에 듣고도 듣지 못하고 보고도 보지 못한다. 귀가 멀고 눈이 먼 자는 갈 길을 몰라 영원히 괴로움뿐인 윤회를 한다.

귀가 열리고 눈이 밝은 자는 갈 길을 알아 괴로움뿐인 윤회를 끝낸다. 누가 듣고 보지 못하는가? 어리석음이 듣지도 보지도 못한다. 누가 듣고 보는가? 있는 그대로 알아차려서 생긴 지혜가 듣고 본다.

## 245. 말의 후회

말이 많았다고 후회하지 마십시오. 후회하면 욕망을 가지고 화를 내는 것입니다. 후회로는 만족할만한 결과를 얻지 못합니다. 하지 않으려고 하는 것도 욕망으로 하면 해결되지 않습니다. 말이 많았을 때는 단지 말을 많이 한 것을 알아차리십시오.

잘못에 대한 치유는 있는 그대로 알아차리는 것이 효과적입니다. 말이 많은 것은 욕구가 충족되지 않아서 생긴 습관이라 알아차려도 즉시 개선되지 않습니다. 말이 많은 것은 자신의 부족함을 채우려는 외향적인 성향입니다.

말없이 안으로 곪는 것보다 차라리 말을 해서 푸는 것도 방법입니다. 말할 때는 먼저 말하려는 의도를 알아차리십시오. 들뜬 마음이 고요해지면 차츰 말이 조절됩니다.

## 246. 말의 자책

할 말을 못했다고 자책하지 마십시오. 자책을 하면 스스로를 책망하여 자신을 비하하게 됩니다. 필요한 말은 해야 하겠지만 하지 말아야 할 말을 해서는 안 됩니다. 말하지 않아서 이익을 얻지 못할 수도 있지만 말하지 않아서 더 큰 이익을 얻을 때도 있습니다.

자존심에 상처를 입었다고 판단하여 말하지 못한 것을 자책했다면 오히려 말하지 않은 것이 다행입니다. 잘못한 일이 있을 때 자신을 비하하는 것보다 부끄럽게 여기는 것이 좋습니다.

부끄러움은 양심과 수치심이 있는 선한 마음입니다. 말을 할 때는 먼저 말하려는 의도를 알아차리십시오. 하고 싶은 말을 다하면 구업을 지어 남으로부터 비난이나 모함을 받는 과보가 따릅니다.

# 247. 말의 과보

먼저 마음이 일어나고 다음에 말이 나오고 행동이 일어납니다. 생각과 말과 행위는 하나의 과정입니다. 세 가지는 의도가 있는 행위라서 업에 속합니다. 업이란 행위를 한 자가 그만큼 결과를 받는 것입니다.

선한 마음으로 선한 말과 행위를 하면 그만큼의 선한 과보가 따릅니다. 선하지 못한 마음으로 선하지 못한 말과 행위를 하면 그만큼의 선하지 못한 과보가 따릅니다. 하지만 세 가지 업의 과보는 저마다 다르게 나타납니다.

마음만 있었다면 허공에 글을 쓴 것과 같아 과보가 가볍습니다. 말을 했으면 모래 위에 글을 쓴 것과 같아 과보가 중간 정도입니다. 행위를 했으면 바위 위에 글을 새긴 것과 같아 과보가 확실하게 나타납니다.

# 248. 말의 규범

말에는 규범이 있습니다. 첫째, 말하면 들어야 합니다. 남의 말을 듣는 것이 자신이 말하는 것 못지않게 중요합니다. 둘째, 물으면 대답합니다. 물을 때만 대답해야 합니다. 묻지도 않는데 가르쳐 주려고 하는 것은 욕망으로 하는 것입니다.

셋째, 싫은 말을 하면 알아차립니다. 부당한 말을 하면 그냥 남의 말로 두고 알아차려야 합니다. 넷째, 말하기 전에 의도를 알아차립니다. 말은 저절로 나오지 않고 반드시 의도에 의해서 나옵니다. 말하려는 의도를 알아차리면 선한 마음이 되어 바른 말을 할 수 있습니다.

다섯째, 좋은 말을 하면 받아들입니다. 남이 유익한 말을 할 때 받아들이면 자신의 정신적 발전을 도모할 수 있어 이롭습니다.

# 249. 말의 절제

괴로움이 없는 지고의 행복을 얻으려면 먼저 계율을 지켜야 합니다. 계율은 스스로 절제하는 것으로 자신을 위험으로부터 막아서 보호합니다. 계율을 지키면 마음이 청정해지고 지혜가 나서 지성을 무력하게 하는 극단적 고행을 하지 않습니다. 또 도덕적 품성을 퇴보시키는 극단적 탐욕을 제거합니다.

계율은 바른 말로부터 시작됩니다. 바른 말은 거짓말, 비방, 경솔한 말을 삼가는 것입니다. 자신의 이기적 욕망을 위해서 거짓말과 남을 비난하지 말아야 합니다.

남을 속이고 모략하고 불화를 조장하는 말을 하지 않을 때만이 선한 이익을 얻습니다. 또 경박한 말로 자신의 품격을 떨어뜨리지 않아야 마음이 청정해져 존경과 신뢰를 받습니다.

# 250. 말의 반응

남이 자기를 비난할 때 반응하지 말고 먼저 자기 마음을 알아차려야 합니다. 반응하면 자신도 화를 내므로 상대와 다를 것이 없습니다. 남을 비난하는 것은 그의 성향입니다. 그의 성향은 그도 어쩌지 못해서 그러는 것입니다. 남의 잠재성향은 내가 지적한다고 해결되지 않습니다.

비난을 일삼는 자는 무슨 말이나 비난을 합니다. 말을 많이 하면 가벼운 자라고 비난합니다. 말을 하지 않으면 미련한 자라고 비난합니다. 말을 적당히 하면 이기적인 자라고 비난합니다.

비난에 깨진 종처럼 반응하지 않으면 내면의 평화와 자유를 얻습니다. 남의 비난에 자유로우려면 남이 자신을 칭찬할 때도 평정심을 가지고 침묵으로 반응해야 합니다.

# 251. 말의 알아차림

어떤 말이나 있는 그대로 알아차려야 합니다. 알아차리지 못하면 통제되지 않은 마음으로 통제되지 않은 혀를 사용해 독설을 퍼붓거나 달콤한 말로 유혹합니다. 알아차리지 못하면 자신에게 숨겨진 불선심이 작용하여 사악한 말을 합니다.

어떤 말이나 있는 그대로 알아차리면 마음이 통제되어 통제된 혀로 진실을 말합니다. 자신이나 남의 말을 알아차려서 통제할 때만이 불행을 예방합니다. 알아차려야 어떤 말에도 놀라지 않는 사자처럼 의연하게 대처할 수 있습니다.

또 그물에 걸리지 않는 바람처럼 통과하여 분노와 욕망의 먹이가 되지 않고 평화롭습니다. 또 진흙에 물들지 않는 연꽃처럼 세속의 유혹에 빠지지 않고 깨끗합니다.

## 252. 말의 진실

말은 마음이 합니다. 말은 입으로만 하지 않습니다. 침묵도 말이며 눈빛과 몸짓도 말이고 글도 말입니다. 말은 마음의 의사표현입니다. 이런 마음은 매순간 일어나서 사라집니다. 이 마음에 의해서 일어나는 말도 매순간 일어나서 사라집니다.

이처럼 일어나서 사라지는 말은 나의 말이 아닙니다. 단지 감각기관에 의해 일어난 것입니다. 말을 소유하는 자아는 없습니다. 그러니 말에 너무 걸리지 마십시오. 말은 일어난 순간에 허공으로 사라지는 무상한 것입니다. 하지만 말에는 종자가 있어서 다음 말로 상속됩니다.

말에 자아는 없지만 원인과 결과가 있어 과보를 받습니다. 말은 행복을 만드는 원인이지만 모든 화의 근원이 되기도 합니다.

# 253. 말의 자아

백 마디 꾸짖는 말보다 한 마디 위로하는 말이 더 효과적입니다. 꾸짖는 말을 들을 때는 마음을 닫지만 위로하는 말을 들으면 마음을 엽니다. 백 마디 칭찬을 해도 한 마디 비난을 하면 백 마디 칭찬이 흔적도 없이 사라집니다. 그리고 마음에 한 마디 비난만 남습니다.

누구나 자아를 가지고 살아서 자신의 정체성을 위협하는 말이라고 판단되면 마음의 문을 닫습니다. 그리고 따뜻한 마음이 한순간에 분노와 미움으로 바뀝니다. 그래서 마음은 믿을 것이 못되고 말도 믿을 것이 못됩니다.

자아가 있다는 잘못된 견해가 있는 한 매사에 옳고 그름이 없습니다. 자신의 말만 옳다고 주장하는 사람은 자신을 극복하지 못해 항상 패배자로 남습니다.

# 254. 말의 맹세

맹세하지 마십시오. 맹세하는 말을 믿지도 마십시오. 자신의 맹세를 믿어서는 안 되며 남도 믿어서는 안 됩니다. 맹세를 믿었다가 지키지 못할 때는 배신이라고 생각하여 괴로움을 겪습니다. 맹세하는 마음은 단지 그렇게 되기를 바라는 순간의 마음일 뿐입니다.

마음은 매순간 변하므로 내 마음대로 할 수 없습니다. 마음은 조건에 따라 새로 일어나기 때문에 새로운 조건에 따라 어떻게 변할지 모릅니다. 이런 현상은 매우 자연스러운 것입니다.

마음은 나의 마음이 아니고 순간순간 변하는 마음만 있습니다. 이제 내가 책임진다는 말도 하지 마십시오. 책임진다는 말을 믿지도 마십시오. 자기가 책임지고 싶어도 책임질 자아가 없습니다.

# 255. 말의 차이

상대를 존중하는 말과 상대를 미화하는 말은 다릅니다. 상대를 존중하는 말은 예절을 가지고 하는 말이라서 도덕적입니다 상대를 미화하는 말은 욕망으로 하는 말이라서 비도적적입니다.

상대를 존중하는 말은 있는 그대로의 진실을 담고 있습니다. 상대를 미화하는 말은 꾸며서 과장하기 때문에 진실하지 못합니다. 있는 그대로 말할 때만이 객관성이 있어 진실을 구할 수 있습니다.

꾸며서 말할 때는 주관적이라서 진실을 구할 수 없습니다. 진실한 말은 쓰지만 결국에는 달콤한 맛을 봅니다. 꾸민 말은 달콤해도 결국에는 쓴맛을 봅니다. 진실한 말에서만이 가장 뜨거운 자애와 차가운 지혜가 생겨나 모든 괴로움에서 벗어날 수 있습니다.

## 256. 말의 재앙

탐욕으로 말하지 마십시오. 성냄으로 말하지 마십시오. 어리석음으로 말하지 마십시오. 세 가지 말이 모든 괴로움의 원천입니다. 무슨 마음으로 말하는지 알아차리고 하십시오. 탐욕으로 하는 말이 자신을 천하게 합니다.

탐욕은 아무리 얻어도 만족할 줄 몰라 얻은 것이 손실이 됩니다. 성냄으로 하는 말이 자신을 불태웁니다. 불은 모든 것을 파괴하는 돌이킬 수 없는 재앙입니다. 어리석음으로 하는 말이 잘못을 되풀이 하게 합니다.

잘못을 저지르고도 잘못인지 모르거나 잘못인지 알아도 어떻게 할지 모르는 것이 어리석음입니다. 어리석어서 하는 말은 치유가 어려워 모든 재앙의 근원입니다. 말이 흥하게도 하지만 말이 망하게도 합니다.

# 257. 말의 속성

사람들이 모여서 하는 일상적인 대화는 자기 자랑이나 남을 비난하는 말이 대부분입니다. 어떤 모임에서나 모두 자기 말을 합니다. 누군가가 자기 말을 하면 뒤이어 다른 사람이 자기 말을 합니다. 그러면 또 다른 사람이 다시 자기 말을 합니다.

이렇게 돌아가며 자기 말을 하면서 물 흐르듯 진행되는 것이 보통의 모임입니다. 어떤 때는 남의 말이 끝나기도 전에 자기 말을 꺼냅니다. 이처럼 누구나 자기 말을 하고 싶어 합니다.

이런 마음은 남이 말을 할 때도 상대의 말을 경청하기보다 자기가 말할 내용을 생각합니다. 이것이 세속의 질서고 세속의 말입니다. 자기 말만 내세우는 모임에서는 진실이 없는 공허한 메아리만 있습니다.

# 258. 말의 인내

남의 일에 지나치게 참견하지 마십시오. 도덕적 규범이라는 명분으로 사소한 일도 참지 못하고 훈계를 하면 아만심이 강화됩니다. 상대가 저지른 잠깐의 실수까지도 지적을 하면 상대가 화를 냅니다.

말하는 자의 자세에 따라 바른 뜻이 왜곡될 수 있습니다. 좋으라고 한 말도 역효과가 난다면 좋은 일이 아닙니다. 조금도 참지 못하고 지적을 하는 것도 잘못이지만 이런 지적을 받고 화를 내는 것도 잘못입니다.

불가피한 상황을 이해하지 못한 지적이라도 상대가 습관적인 성향으로 하는 말이라면 그냥 그의 말로 두어야 합니다. 옳고 그름을 떠나서 부딪치는 것은 잘못입니다. 인내가 문제를 키우지 않고 슬기로운 결과를 맺습니다.

# 259. 말의 미추

인간이 가진 모든 불평등은 자신이 지은 업으로 인해 생긴 결과입니다. 사람으로 태어나서 얼굴이 아름답거나 못생기게 태어나는 것은 모두 자신이 지은 업으로 인해 과보를 받은 결과입니다.

하찮은 말에 화를 내지 않고, 평소에 부드러운 말을 하며, 무슨 일이나 선한 의도를 가지고 말을 하면 사람으로 태어나서 온화한 원인으로 인해 아름다운 얼굴로 태어납니다.

하찮은 말에도 화를 내고, 평소에 난폭한 말을 하며, 무슨 일이나 악한 의도를 가지고 말을 하면 사람으로 태어나서 거친 원인으로 인해 못생긴 얼굴로 태어납니다. 아름답고 추한 것은 자신의 선택입니다. 하지만 못생긴 얼굴도 선한 마음으로 말하면 아름답습니다.

# 260. 말의 극단

칭찬할 때 극단적으로 말하지 마십시오. 충고할 때도 극단적으로 말하지 마십시오. 칭찬이 지나치면 아첨이 되고 충고가 지나치면 비난이 됩니다. 극단적인 말은 바른 말이 아닙니다. 아첨은 저속하고 이익을 주지 못하며 감각적 욕망으로 하는 말입니다.

비난은 괴로움이고 이익을 주지 못하며 자신과 상대를 학대를 하는 말입니다. 극단적인 말은 무지와 욕망으로 하는 말이라서 말할 때 영감을 얻지 못하며 정신적 자각이 일어나지 않습니다.

욕망으로 하는 말은 집착을 하여 고질적인 습성이 됩니다. 이 과보로 인하여 자신의 품격이 떨어지며 손실이 따릅니다. 있는 그대로 말할 때 진실합니다. 극단적인 말은 파국을 가져오는 시작입니다.

# 261. 말의 약과 독

남이 무엇이라고 말하든 무조건 반응하지 마십시오. 남이 선한 의도를 가지고 말하거나 선하지 못한 의도를 가지고 말하거나 있는 그대로 알아차려야 합니다. 남이 다정하게 말하거나 언짢게 말하거나 있는 그대로 알아차려야 합니다.

남이 이익이 되는 말을 하거나 손실이 되는 말을 하거나 있는 그대로 알아차려야 합니다. 남이 무엇이라고 말하거나 있는 그대로 알아차리면 수행을 하는 것입니다. 남의 말을 알아차리는 수행을 할 때만이 말로 인해 자신이 더럽혀지지 않고 청정한 삶을 살 수 있습니다.

남의 말은 약이 되기도 하고 독이 되기도 합니다. 허나 남의 말이 약이 되는지 독이 되는지 구별하기 어려우므로 먼저 알아차려야 합니다.

# 262. 말의 이기심(利己心)

나만 아는 이기심으로 말하는 사람은 욕망과 미움과 잔인함을 가지고 있습니다. 이기심이 있으면 거짓말을 하며, 남을 비난하고, 거친 말을 일삼고, 경솔한 말을 즐깁니다. 욕망에 눈이 멀면 어리석어서 바르지 못한 것을 바른 것으로 알고 집착합니다.

이기적인 말을 즐기는 사람은 살생을 좋아하고, 도둑질을 즐기며, 간음을 일삼고, 악행을 서슴없이 저지릅니다. 이렇게 살면 현재도 악의 세계에서 괴롭게 살며, 죽으면 지옥, 축생, 아귀, 아수라의 세계에 떨어져 자신이 지은 업의 과보만큼의 기간 동안 삽니다.

또 바르지 못한 말과 행위를 선한 사람에게 할 경우에는 다른 사람에게 한 것보다 더 가혹한 과보를 받아 큰 고통을 겪습니다.

# 263. 말의 이타심(利他心)

남을 위하는 이타심으로 말하는 사람은 욕망과 미움과 잔인함이 없습니다. 이타심이 있으면 자애로운 마음이 충만하여 고요함과 평화로움으로 안락한 삶을 삽니다. 이타심에서 바른 말이 나옵니다.

이타심이 있으면 거짓말을 하지 않고, 남을 비난하지 않고, 거친 말을 하지 않고, 천박하고 경솔한 말을 삼가 합니다. 수행을 해서 무아의 지혜가 나면 집착이 사라져 모든 생명에게 관대함이 일어납니다.

이타심이 있으면 살아있는 모든 생명을 존중하고, 남이 주지 않는 물건을 갖지 않고, 간음하지 않고, 악행을 하지 않습니다. 이타심이 있으면 현재도 행복하고 죽으면 욕계, 색계, 무색계 천상에 태어나거나 윤회가 끝나는 자유를 얻습니다.

# 264. 말의 덫

폭력적인 말을 한 사람은 잊어버렸는데 말을 들은 사람은 오래도록 잊지 않습니다. 말은 순간의 마음이 했지만 듣는 사람은 내가 들었다고 생각해서 기억합니다. 이런 말을 듣고 기억하는 사람은 자아를 가지고 있기 때문입니다.

말을 한 가해자는 잊어버렸는데 말을 들은 피해자가 잊지 못한다면 억울한 일입니다. 가해자가 괴로워해야할 일을 피해자가 잊지 못하고 괴로워한다면 바로 피해자의 자존심 때문입니다. 자아를 가지고 있으면 매사에 자기 덫에 걸려 자유로울 수 없습니다.

말은 말하는 사람의 마음입니다. 마음은 매순간 변하므로 말한 사람은 이미 다른 마음이 되었습니다. 그럼에도 지난 말에 원한이 있다면 어리석은 일입니다.

# 265. 말의 옮김

생각한 것을 모두 말로 옮기지 마십시오. 말한 것을 모두 행동으로 옮기지 마십시오. 수많은 생각을 모두 말로 옮기면 구설을 감당하기 어렵습니다. 말한 것으로 모두 행동으로 옮기면 방종을 감당하기 어렵습니다.

생각할 때 생각하려는 의도를 알아차리면 모든 생각이 말이 되지 않습니다. 말할 때 말을 하려는 의도를 알아차리면 모든 말이 행동이 되지 않습니다. 생각과 말과 행위로 옮겨가는 과정에서 알아차림이 없으면 도둑이 들어와 주인행세를 합니다.

생각과 말과 행위로 옮겨가는 과정에서 알아차림이 있으면 도둑이 들어오지 못하고 선한 마음이 이끌어갑니다. 모든 것을 있는 그대로 알아차리면 절제가 되어 불행하지 않습니다.

# 266. 말의 반전

어리석음과 욕망을 가지고 있으면 항상 잘못된 말을 합니다. 하지만 잘못된 말이 언제나 잘못된 결과로만 그치지 않습니다. 잘못된 결과가 있어 오히려 정신적 자각을 일깨우는 기회가 될 수 있습니다. 잘못된 결과가 없다면 좋은 결과가 무엇인지 모릅니다.

누구나 인간으로 태어날 때 어리석음과 욕망을 가지고 태어납니다. 또 지혜와 관용을 함께 가지고 태어납니다. 그래서 인간은 얼마든지 잘못을 반전시켜 좋은 말을 할 수 있습니다. 이것이 살아있는 생명 중에서 인간만 갖는 권리입니다.

잘못된 말을 하고 괴로워만할 것이 아닙니다. 잘못된 말을 알아차려서 좋은 말을 하도록 반전시키는 노력이 인간이 할 수 있는 고귀한 권리입니다.

# 267. 말의 반어법

말은 반대로 하는 속성이 있습니다. 죽고 싶다는 말은 살고 싶다는 속내가 있습니다. 하기 싫다는 말은 하고 싶다는 속내가 있습니다. 미워하는 말은 좋아하는 속내가 있습니다. 자신이 위로받고 싶을 때 상대를 위로해서 자신에게도 관심을 갖도록 유도합니다.

상대에게 마시거나 노래하고 춤추라고 권할 때는 자신도 그렇게 하고 싶은 속내가 있습니다. 상대에게 빈정거리는 말을 하거나 걸고넘어지는 말을 하는 것은 상대에게 관심을 표명하는 것입니다.

이처럼 자신이 바라고 있는 것을 거꾸로 말하는 속성을 이해하면 인간관계가 원만하고 돈독해집니다. 마음에서 일어난 말의 속내를 알아차리는 것은 진실을 향해서 가는 하나의 길입니다.

# 268. 말의 혈기

젊은 시절에 혈기를 가지고 하는 말은 순종적이기보다 반항적입니다. 젊음이란 아직 지혜가 성숙되지 않은 상태라서 진실을 말하기보다 도전적인 말을 합니다. 때로는 무엇이 바른지 알면서도 호기를 부려 잘못이라고 말합니다. 이때가 자신의 정체성을 찾으려고 방황할 때입니다.

상대가 이런 말을 하면 더 발전하려는 과정으로 지켜보아야 합니다. 젊은 혈기로 하는 말을 그의 말로 그대로 두고 받아들여서 이해할 때 상대가 변화하는 과정을 돕는 것입니다.

이렇게 이해해주면 언젠가 자신이 저항한 말이 부끄러운 일이라는 것을 자각하게 됩니다. 사람의 의식이 성숙하려면 일정한 과정을 거칩니다. 이 과정을 존중하는 관용이 지혜입니다.

# 269. 말의 속내

말 속에 말이 있습니다. 겉으로 드러난 말과 말 속에 있는 진실은 다릅니다. 말이 가지고 있는 본래의 뜻과 말을 듣고 이해하는 정도가 다릅니다.

아무리 뛰어난 가르침이 있어도 듣는 사람의 수준에 따라 받아들이기 마련입니다. 그래서 경전에 대한 주석서와 직접 배우는 스승의 가르침을 참고해야 진리에 접근할 수 있습니다. 겉으로 포장된 말만 받아들이면 말 속에 있는 위험을 모릅니다.

듣기 좋은 말 속에 거짓이 있고 듣기 싫은 말 속에 진실이 있습니다. 남을 속이는 말은 겉으로는 친절하고 화려합니다. 이런 말의 속내는 사악한 독이 묻어있습니다. 진실하지 못한 사람은 말을 위장하고 현명한 사람은 지혜가 나게 말을 합니다.

# 270. 말의 화려함

위대한 대상을 경배하고 예찬하는 것은 좋으나 진실이 아닌 것까지 미화해서는 안 됩니다. 예찬하는 말에도 정도가 있어야 합니다. 말이 너무 화려하면 언어의 유희가 되어 본질이 흐려집니다.

꾸미는 말은 화려하지만 진실한 내용이 없습니다. 꾸미지 않은 말은 화려하지 않지만 진실이 있습니다. 말의 본질은 진실을 전하는 것입니다. 말이 화려함에 가리면 뜻이 숨습니다. 말의 뜻이 숨으면 가치가 없어집니다.

있는 그대로의 말에 진실한 뜻이 담겨져 있습니다. 좋아하는 대상을 꾸며서 과장하는 것은 진실을 왜곡하고 신성시하는 것입니다. 허상을 만들어 경배하는 것은 단지 자신의 감각적 욕망을 충족하는 것에 불과한 어리석음입니다.

# 271. 말의 지혜

위빠사나는 철학적 사변이 아닌 있는 그대로의 진실을 아는 수행입니다. 철학은 지적사유라서 본질을 꿰뚫어보지 못합니다. 궁극의 진실은 생각과 말이 끊어진 고요한 상태에서만 드러납니다. 생각은 세월이 가도 단지 생각에 불과합니다.

사유는 경험을 하지 않은 생각의 단계입니다. 사유를 끊고 몸과 마음을 있는 그대로 알아차려야 사물의 이치를 아는 지혜가 납니다. 수행자는 몸과 마음에서 나타난 모든 현상이 알아차릴 대상입니다.

대상을 알아차릴 때 어떻게 하려고 알아차리지 말고 단지 거기에 대상이 있어서 알아차려야 합니다. 알아차려서 무상, 고, 무아의 통찰지혜가 나면 모든 욕망과 집착이 끊어진 해탈의 자유를 얻습니다.

# 272. 말의 의무

수행은 스승의 의무와 배우는 자의 의무가 확립되어야 합니다. 스승의 의무는 자애로운 마음과 인내하는 것입니다. 법을 말할 때 경전과 주석서와 자신이 배운 스승의 가르침에서 벗어나지 않아야 합니다.

배우기 쉽게 말하며 모르는 것을 아는 것처럼 말하지 말고 감정을 내세워서는 안 됩니다. 자신이 말한 내용과 행동이 일치하도록 노력해야 합니다. 배우는 자의 의무는 스승의 가르침을 따르고 반드시 인내해야 합니다. 가르침과 자신이 아는 것을 비교해서 평가하면 바른 법을 배우지 못합니다.

무엇도 바라지 말고 옳고 그름을 따지지 말고 있는 그대로 알아차려야 합니다. 자신의 체험을 보고할 때 경험한 것만 정직하게 말해야 합니다.

# 273. 말의 모방과 독성

말은 따라하는 특성이 있습니다. 어린이는 엄마의 말을 따라하기 시작하면서 말을 배웁니다. 학생은 선생님의 말을 따라합니다. 사회인은 지도자나 언론이 하는 말을 따라합니다. 남이 하는 말을 따라하면 말하는 사람의 마음을 닮습니다.

저속한 말을 하는 사람을 가까이 하면 자신도 저속한 마음이 되어 천박한 말을 합니다. 품격이 있는 말을 하는 사람을 가까이 하면 자신도 품격이 있는 마음이 되어 고상한 말을 합니다.

말은 전염성이 강해 한 인간의 의식을 세뇌시키고 사회로 확장되고 인류를 점령합니다. 말이 종교와 민족이라는 명분으로 잘못 포장되면 이성을 잃고 감성에 치우쳐 인간성을 상실하고 국가 간의 전쟁을 일으킵니다.

# 옹달샘

## 10

### 말의 가르침

스승으로부터 사념처 수행에 대한 말을 들어도 아직 내 것이 아닙니다.
가르침을 듣고 그대로 실천해서 지혜가 나야 내 것입니다. 누구나 스승의
가르침을 만나기 어렵습니다.
스승의 가르침을 만나도 실천하기 어렵습니다.
가르침을 실천하여 통찰지혜가 나기는 더욱 어렵습니다.

# 274. 말의 예단

남의 운명을 함부로 예단하지 마십시오. 당신은 언제 죽는다거나, 당신에게 어떤 불행이 있을 것이라는 예언은 또하나의 살인입니다. 인간의 삶이 예정되어있는 부분이 있지만 반드시 고정된 것은 아닙니다. 어설픈 식견으로 남의 미래를 점치는 것은 상대에게 치명적일 수 있습니다.

자신의 오만으로 피해를 입는 사람은 평생을 정신적 불구로 삽니다. 이런 말을 들은 사람이 고통을 겪는다면 이런 말을 한사람도 똑같은 과보를 받습니다.

함부로 말한 사람도 그만큼의 잘못된 과보를 받는 것이 업의 질서입니다. 괴로움에 처한 사람에게 희망을 주는 말은 선업입니다. 알 수 없는 미래의 일을 부정적으로 예단하는 것은 기만이며 악업입니다.

## 275. 말의 양식

사람들은 말하기를 좋아합니다. 남을 비난하는 것을 밥으로 삼고 질투하는 것을 반찬으로 삼는 사람은 불행합니다. 남을 비난하고 질투하는 것을 양식으로 삼으면 악을 영양으로 삼는 사람입니다.

이런 사람은 몸과 마음이 오염되어 괴로움에서 벗어나지 못합니다. 그러면 살면서도 악한 세상을 살고 죽어서도 악한 세상에 떨어집니다. 몸과 마음을 알아차리는 것을 밥으로 삼고 이해하는 것을 반찬으로 삼는 사람은 행복합니다.

무슨 일이나 알아차리고 이해하는 것을 양식으로 삼으면 선을 영양으로 삼는 사람입니다. 이런 사람은 몸과 마음이 청정하여 살면서도 천상을 살거나 출세간에 살며 죽어서는 천상에 태어나거나 윤회가 끝납니다.

# 276. 말의 쓸모

어떤 뜻으로 '다 부질없는 것이다'고 말하십니까? 원하는 것을 얻지 못해 자조하는 뜻으로 말했다면 후회한 것입니다. 후회는 화를 내는 것이지 대상을 있는 그대로 관조하는 것이 아닙니다. 수행을 해서 무상, 고, 무아를 알았을 때 부질없다고 했다면 바르게 한 말입니다.

사실은 욕망과 집착이 다 부질없습니다. 하지만 욕망과 집착이 부질없는 것이라는 사실을 발견하면 이것들도 쓸모가 있습니다. 욕망과 집착이 쓸모없는 것이라는 것을 안 것이 바로 지혜입니다.

쓸모가 없는 것도 쓸모가 없는 것이라는 지혜가 나도록 했다면 돌이 황금으로 바뀐 것입니다. 부질없는 생각도 지혜가 나도록 도왔다면 버릴 것이 없는 하나의 대상입니다.

# 277. 말의 가르침

스승으로부터 사념처 수행에 대한 말을 들어도 아직 내 것이 아닙니다. 가르침을 듣고 그대로 실천해서 지혜가 나야 내 것입니다. 누구나 스승의 가르침을 만나기 어렵습니다. 스승의 가르침을 만나도 실천하기 어렵습니다. 가르침을 실천하여 통찰지혜가 나기는 더욱 어렵습니다.

가기 어려운 이 길은 선업의 공덕이 없으면 갈 수 없습니다. 스승의 가르침이 자신의 지혜가 되기까지 위험이 많아 혼자서 갈 수 없습니다. 지혜가 나도 작은 지혜에서 큰 지혜로 이르는 과정도 험난합니다. 이러한 고난의 길은 눈 밝은 사람만 갑니다.

무명의 먼지가 벗겨진 혜안을 가진 자만 연기와 윤회의 족쇄를 끊고 영원히 괴로움에서 해방될 수 있습니다.

# 278. 말의 진위

사람들은 저마다 자기 말이 진리고 자기 종교가 진리라고 합니다. 범부는 누구의 말과 종교가 진리고 거짓인지 알 수 없습니다. 아직 완전한 지혜가 나지 않아서 모르는 것이 당연합니다. 사악한 말도 그럴듯하게 포장하면 진리로 위장할 수 있습니다.

진리는 남의 말을 듣고 알 수 있는 것이 아닙니다. 진리는 자신의 몸과 마음에 있습니다. 왜냐하면 몸과 마음을 가지고 살면서 생긴 문제는 오직 몸과 마음에 답이 있기 때문입니다. 진리는 몸과 마음을 알아차려서 생긴 지혜로써 알 수 있습니다.

훌륭한 사람이 말했다고 해서 모두 진리가 아닙니다. 오랜 전통이라고 해서, 경전에 있다고 해서 진리가 아니며 단지 추측에 불과할 뿐입니다.

# 279. 말의 정의

정의라는 이름으로 행해지는 말이 폭력적이어서는 안 됩니다. 폭력은 정의가 아니고 탐욕과 성냄과 어리석음입니다. 정의를 위해 극단적인 고행과 투쟁을 해서는 안 됩니다.

정의라는 이름으로 행해지는 극단적인 고행과 투쟁은 지성을 나약하게 하고 마음을 악에 받치게 하여 정의라고 할 수 없습니다. 이렇게 성취한 정의는 정의라는 이름으로 포장된 자기 한풀이입니다.

폭력과 극단적 투쟁으로 정의를 구현했다면 세속의 정의지 출세간의 정의가 아닙니다. 세속의 정의는 자신의 욕망에 대한 충족이지만 출세간의 정의는 사물의 이치를 파악하여 현상계의 질서에 귀의하는 것입니다. 내면의 고요함으로 지혜를 얻는 것이 바로 정의입니다.

# 280. 말의 행복

누군가가 자신에게 행복을 빌어줄 때 직접 행복을 주는 것이 아닙니다. 행복은 스스로 만드는 것이므로 상대의 축원은 스스로 행복을 얻을 수 있도록 자각하게 해줍니다. 인간은 나약하기 때문에 과거의 회한과 현재의 괴로움과 미래의 두려움이 있어 누군가에 의지해서 살고 싶어 합니다.

이때 상대가 자신의 행복을 보장해줄 것이라는 믿음이 스스로 행복하도록 합니다. 나는 행복할 것이라는 믿음이 자기 자신에게 투사되면 괴로움과 두려움에서 벗어날 수 있습니다.

하지만 이렇게 유발된 행복은 완전한 것이 아닙니다. 불행은 자신의 생각과 말과 행위에서 오므로 행복하려면 자신의 생각과 말과 행위를 알아차려서 청정해져야 합니다.

# 281. 말의 천박

말이 천박한 자는 마음이 천박한 자입니다. 천박한 말을 하는 자는 스스로 고상한 말을 거부합니다. 오히려 천박한 말을 함으로써 만족합니다. 자신을 비하하면 자기 학대를 하는 어리석은 자입니다. 이런 자는 인간으로 태어난 사명을 모릅니다.

인간은 지옥과 축생의 마음을 가질 수 있고 천상과 해탈의 마음을 가질 수 있습니다. 선택의 기로에서 스스로 천박하게 하는 것은 잘못입니다. 사람의 가문과 지위가 천박한 것이 아니고 말과 행위로 천박해집니다.

자기 자랑을 일삼고 남을 비난하고 내가 최고라고 여기는 자가 천박합니다. 이기적이며 악한 의도가 있고 인색한 자가 천박합니다. 천박하면 현재나 미래나 모두 괴롭게 삽니다.

# 282. 말의 허물

허물이 되는 말을 해서는 안 됩니다. 실수나 습관이나 의
도적이거나 허물이 될 만한 말을 하지 말아야 합니다. 말
하는 자신이나 말을 듣는 사람이 잘못된 과실을 경험해서
는 안 됩니다.

자신이 저지른 허물은 자신이 과보를 받지만 자신으로 인
해 상대가 괴로움을 겪는다면 상대의 과보까지 받습니다.
남이 내게 허물이 될 만한 말을 했다면 그의 말로 두고 개
입해서는 안 됩니다.

남의 잘못에 민감하게 반응하면 상대의 허물을 내가 그대
로 받아들여서 같은 허물을 짓습니다. 이때 필요한 것이
대상을 분리해서 알아차리는 위빠사나 수행입니다. 자기
자랑, 남을 무시하는 태도, 상대에 대한 훈계, 불필요한
신상파악 등이 모두 허물입니다.

## 283. 말의 혐오

항상 혐오해야할 말이 있습니다. 혐오해할 말은 자신의
몸과 마음을 집착하는 말입니다. 수행자는 몸과 느낌과
지각과 의도와 의식을 집착하는 말을 혐오해야 합니다.
혐오해야 욕망이 일어나지 않아 집착하지 않고 욕망을 집
착하지 않아야 괴로움이 없습니다. 괴로움이 없는 것이
해탈의 자유입니다.

오온을 혐오하지 않으면 집착하여 다시 태어나는 고통을
겪습니다. 오온이 나의 것이라고 생각하여 아름다움을 위
해서 노력하면 다시 태어나는 윤회의 길로 갑니다.

인간의 괴로움은 자신의 몸과 마음을 집착하기 때문에 생
깁니다. 몸과 마음을 있는 그대로 보면 무상한 것이라 집착
할 것이 못되며 깨끗하지 못한 것들로 구성되어 있습니다.

# 284. 말의 성향

말에는 가속도가 있습니다. 선한 말을 하면 선한 말을 계속하여 선한 성향이 생깁니다. 선한 성향이 생기면 스스로 행복을 만듭니다. 선하지 못한 말을 하면 선하지 못한 말을 계속하여 선하지 못한 성향이 생깁니다.

선하지 못한 성향이 생기면 스스로 불행을 만듭니다. 고상한 말을 하면 고상한 말을 계속하여 스스로 인격을 고상하게 하고 남으로부터 존경을 받습니다. 천박한 말을 하면 천박한 말을 계속하여 스스로 천박하게 하고 남으로부터 경멸을 받습니다.

처음에 가볍게 시작한 말이 습관이 되면 축적된 성향이 되어 자신의 삶이 결정됩니다. 좋은 말이나 나쁜 말이나 누가 시켜서 하는 것이 아닙니다. 오직 자신이 좋아서 합니다.

# 285. 말의 배움

붓다의 가르침을 말하고 배운다고 해서 즉시 성자가 되는 것은 아닙니다. 붓다의 가르침을 말하고 배우는 순간 성자의 가르침을 따르려는 의도가 있을 뿐입니다. 이러한 의도가 지속될 때 조금씩 붓다를 닮아가면서 내가 없음을 알아야 완전하게 가르침을 계승할 수 있습니다.

이렇게 되기 전까지는 나는 괴로운 존재입니다. 붓다는 全知하고 全善하지 全能하지 않습니다. 그래서 가르침을 배우려는 사람이 자기 힘으로 문을 열어야 합니다.

처음에 얻는 지혜는 무상과 괴로움의 진리입니다. 이 진리를 바탕으로 무아를 알 때 최상의 지혜에 이릅니다. 마지막으로 자아가 없다고 알 때 갈애와 집착이 끊긴 성자가 되어 완전한 자유를 얻습니다.

# 286. 말의 화합

내 말이 옳고 남의 말은 잘못되었다고 배격하는 것은 내 말이 부실하다는 것입니다. 자기 말만 옳다고 주장하면 이기적인 태도라서 오히려 자기 말의 가치가 떨어집니다. 내 말만 우월하다고 하면 자기 성에 갇혀 소통을 모르는 불행한 사람입니다.

이 세상은 자기 혼자만의 힘으로는 살 수 없습니다. 내 말도 옳지만 남의 말도 일리가 있다고 할 때 내 말에 대한 품격을 잃지 않고 남의 말도 존중하여 화합의 장이 마련됩니다. 사람들은 저마다의 입장이 있어 견해가 다를 수 있습니다.

나의 견해뿐만 아니라 다른 사람의 견해도 존중할 때 투쟁이 없는 평화롭고 아름다운 세상이 만들어집니다. 인간이 하는 말이 모두 똑같을 필요는 없습니다.

# 287. 말의 존재

내가 누구라고 말하는 순간 나의 존재가 사라집니다. 내가 잘난 사람이라고 말하거나 못난 사람이라고 말하거나 자신의 존재를 드러내는 순간 진실이 사라집니다. 내가 어떤 사람이라고 말하면 자신이 한정되어 버려 마음이 계발되지 않습니다.

내가 누구라고 말하지 않는 순간 나의 존재가 드러납니다. 내가 즐거운 사람이라고 말하거나 괴로운 사람이라고 말하거나 자신의 존재를 드러내지 않는 순간 진실이 드러납니다. 내가 어떤 사람이라고 말하지 않으면 자신에게 걸리지 않아 마음이 계발 될 수 있습니다.

내가 누구라고 말하는 순간 이미 내가 아니고 가공된 사람입니다. 내가 누구라고 말하지 않으면 있는 그대로의 진실한 사람입니다.

# 288. 말의 본질

미워서 하는 말에도 사랑이 있습니다. 좋아서 하는 말에도 미움이 있습니다. 말은 말하는 사람의 마음입니다. 사람의 마음은 단순하지 않고 복합적입니다. 관용과 탐욕이 함께 있으며 사랑과 미움이 함께 있고 지혜와 어리석음이 함께 있습니다.

마음은 조건에 의해 매순간 변하므로 말도 매순간 다르게 표현됩니다. 매순간 조건에 의해 변하는 마음은 나의 소유가 아니고 그냥 순간의 마음입니다. 이런 마음에 의해 하는 말도 나의 소유가 아니고 그냥 순간의 말입니다.

말에 마침표를 찍으면 뜻이 왜곡되고 나나 상대의 말이 되어 본질을 파악할 수 없습니다. 말이 가진 무상과 괴로움과 무아를 모르면 말에 속고 걸려서 고통을 겪으며 삽니다.

# 289. 말의 괴로움

말을 하고 싶은 사람은 말을 하지 않으면 괴로워서 계속 말을 합니다. 말을 하고 싶지 않은 사람은 말을 하면 괴로워서 계속 말을 하지 않습니다. 말을 하고 싶어서 지나치게 말을 하거나 말을 하고 싶지 않아서 지나치게 말을 하지 않는 것은 축적된 성향입니다.

그러므로 말을 많이 하거나 말을 하지 않는 것이 좋다거나 나쁘다고 평가해서는 안 됩니다. 모두 그럴만한 축적된 성향이 있어서 그런 것이니 있는 그대로 존중해야 합니다.

하지만 잠재적 성향이라고 그냥 두면 더 심화되므로 알아차려서 알맞게 조절해야 괴로움 없이 삽니다. 말을 많이 하면 과장하고 자찬하여 실수를 합니다. 말을 안 하면 소극적이고 위축되어 활력이 없습니다.

# 290. 말의 보호

진실을 말하는 사람은 진실의 보호를 받아 위험하지 않습니다. 거짓을 말하는 사람은 진실의 보호를 받지 못해 위험합니다. 진실한 말은 지적사유가 아닌 몸과 마음을 있는 그대로 알아차리는 실천에 관한 말입니다.

실천적 행위를 할 때 모든 위험으로부터 보호를 받습니다. 그렇지 않고서는 언제 어디에서 어떤 불행을 경험하며 죽음을 맞이할지 알 수 없습니다. 자신의 몸과 마음을 알아차리는 행위가 바로 계율을 지키는 것입니다.

계율을 지키면 탐욕, 성냄, 어리석음의 거친 번뇌로부터 보호되며 중간 번뇌로부터 보호되며 미세한 번뇌로부터 보호됩니다. 이러한 보호를 받을 때 도덕적 품성을 유지하여 해탈의 자유에 이를 수 있습니다.

# 291. 말의 잘못

아는 것을 모두 말하지 마십시오. 내가 아는 것이 모두 바른 것은 아닙니다. 누구에게 들은 말이나 자신이 그럴 것이라고 추측해서 하는 말은 생각의 조각이라서 진실이 아닐 수 있습니다.

누구에게 들은 말은 말한 그도 누구에게 들은 말입니다. 추측해서 하는 말은 자신의 생각이며 그렇게 되기를 바라는 뜻으로 하는 말일 뿐입니다. 말은 입을 옮겨가면서 부풀려지기 마련이고 점점 감각적 욕망에 대한 흥미가 더해지거나 왜곡의 강도가 심해집니다.

또 내 말을 상대가 듣기 싫어할 수도 있습니다. 지혜가 나서 하는 말도 자기 수준의 지혜지 완전한 지혜가 나서 하는 말이 아닙니다. 잘못된 말에 대한 과보는 반드시 말한 사람이 받습니다.

# 292. 말의 기준

좋은 말이나 나쁜 말이나 모두 알아차릴 대상입니다. 좋은 말이 나쁜 말이 될 수 있습니다. 나쁜 말이 좋은 말이 될 수 있습니다. 좋은 말이나 나쁜 말이라고 결론을 내리면 말이 죽어버립니다.

어떤 말이나 있는 그대로 알아차리면 좋은 말은 더 좋아지고 나쁜 말도 좋아 집니다. 좋은 말에 취하면 나빠지고 나쁜 말을 각성하면 좋아집니다. 모든 것들은 변하기 때문에 원래 좋은 것이 있는 것이 아닙니다. 원래 나쁜 것이 있는 것이 아닙니다.

내가 좋아도 남에게는 나쁜 말이 될 수 있습니다. 내가 나빠도 남에게는 좋은 말이 될 수 있습니다. 말의 옳고 그름을 따지면 자신의 기준이 됩니다. 있는 그대로 알아차리면 출세간의 기준이 됩니다.

# 293. 말의 질서

최상의 가르침은 투쟁해서 얻지 않습니다. 어떤 가르침이나 인내로 얻어야 합니다. 가르침은 있는 그대로 알아차려서 얻어야 합니다. 있는 그대로 알아차리려면 대상에 개입해서는 안 됩니다. 대상에 개입하면 자아가 일어납니다. 자아가 일어나면 감각적 욕망이 생깁니다.

욕망이 생기면 집착을 합니다. 집착을 하면 업을 생성하여 자기가 한만큼의 결과를 받습니다. 이러한 결과가 괴로움뿐인 태어남입니다. 태어남에 숨겨진 수많은 사연이 모두 자신이 행했던 과거의 원인이 현재의 결과로 나타난 것입니다.

개입해서 욕망으로 행동하는 것은 세속의 질서입니다. 개입하지 않고 있는 그대로 알아차리는 출세간의 질서가 해탈에 이르게 합니다.

## 294. 말의 조화

남의 말이 내 말과 같기를 바라지 마십시오. 남의 말은 그의 말이고 내 말은 나의 말입니다. 사람의 얼굴이 똑같을 수 없듯이 마음도 똑같을 수 없으며 말도 저마다 다릅니다. 남의 말이 내 말과 같지 않다고 화를 내면 탐욕이며 어리석기 때문입니다.

획일적인 마음가짐은 인간의 창의성을 가로막습니다. 꽃들의 모양이 달라도 모두 아름답듯이 서로 다른 말도 저마다의 향기가 있습니다. 남의 말을 존중할 때 내 말도 존중받습니다. 남의 말을 비난하면 내 말도 비난받습니다.

서로 다른 말들이 조화를 이룰 때 자신과 가정과 사회가 평화롭고 발전합니다. 남의 말을 무시하고 내 말만 일방적으로 강요하면 진실이 없는 죽은 세상이 됩니다.

# 295. 말의 바람

너무 많은 것을 바라는 말을 하지 마십시오. 알맞게 바라
고 작은 것에도 감사하게 여기십시오. 너무 많은 것을 바
라는 마음이 오히려 모든 것을 잃어버리게 합니다. 많은
것을 바라는 마음은 탐욕이며 알맞은 것을 바라는 마음은
관대함입니다.

탐욕은 어리석음이고 관대함은 지혜입니다. 사소한 일에
도 화를 내는 말을 하지 마십시오. 무슨 일이나 자신의 뜻
대로 되지 않습니다. 자신의 뜻대로 되기를 바라는 마음
이 오히려 자신을 불태워 모든 것을 송두리째 잃어버리게
합니다.

화를 내는 마음은 탐욕이며 화를 내지 않는 마음은 자애
입니다. 화는 어리석음이고 자애는 지혜입니다. 탐욕과
화는 괴로움이며 관대함과 자애는 즐거움입니다.

# 296. 말의 구원

괴롭다고 말해도 나를 구원해줄 존재는 어디에도 없습니다. 얻고 싶은 것이 있다고 말해도 가져다줄 존재는 어디에도 없습니다. 싫어하는 것이 있다고 말해도 사라지게 할 존재는 어디에도 없습니다.

좋은 곳에 태어나고 싶다고 말해도 태어나게 해줄 존재는 어디에도 없습니다. 죽기 싫다고 말해도 죽지 않도록 해줄 존재는 어디에도 없습니다. 자기 일은 오직 자신의 의도와 행위로 결정됩니다. 누구도 자기 운명에 개입할 수 없습니다. 스스로 일으킨 원인에 의한 결과만 있습니다.

스스로 구원하는 자만이 원하는 것을 얻습니다. 이상적인 구원은 있는 그대로 알아차려서 지혜를 얻는 일입니다. 내가 할 일은 바른 원인을 만드는 것입니다.

# 297. 말의 독선

자기 견해를 관철하려고 말하지 마십시오. 자기 견해만 주장하는 것은 독선이며 상대에게 싸움을 거는 것입니다. 선택의 여지가 없는 일방적인 말은 강요입니다. 강요는 대화가 아니고 조직의 언어입니다.

조직의 언어는 지성을 풍요하게 하지 않고 지혜가 나지 않습니다. 상대에게 말할 때는 이런 방법도 있고 저런 방법도 있다고 스스로 선택하도록 제시해 주어야 합니다. 설령 바르지 못한 선택을 할지라도 스스로 선택을 하면 자신이 책임을 지게 됩니다.

선택의 실수가 강요보다는 낫습니다. 처음부터 최상의 선택을 하기는 어렵습니다. 선택의 과정을 경험하면서 진실에 접근합니다. 실수해서 생긴 괴로움 없이 자각에 이르지 못합니다.

## 298. 말의 집착

바른 말도 집착하지 않아야 하는데 하물며 바르지 못한 말을 집착해서는 안 됩니다. 바른 말을 집착하면 내가 바른 사람이라는 우월감을 갖게 되고 남에게 바른 것을 강요합니다. 바른 말도 남에게 강요해서는 바른 견해가 실현되기 어렵습니다.

바른 말도 조건이 충족되었을 때 바른 견해가 확립될 수 있습니다. 바르지 못한 말을 집착하면 자신의 존재를 부정적으로 드러내려는 우월감을 갖게 됩니다. 남에게도 부정적인 영향을 주면 이중으로 나쁜 과보를 받습니다.

바른 말이나 바르지 못한 말이나 집착을 하면 어리석은 행위입니다. 집착은 문제를 키워서 나쁜 영향을 줍니다. 말은 일어난 순간에 사라지므로 어떤 말도 집착할 것 없습니다.

# 299. 말의 빙자

성자의 이름으로 행하는 모든 사악한 말은 자기 욕망으로 행하는 사악한 말에 비해 과보가 더 나쁩니다. 이런 사악한 말은 자기 욕망을 채우려는 말보다 더 무지하고 독단적이어서 개선되지 않습니다. 욕망을 가지고 하는 말은 알아차려서 관대한 말로 바꿀 수 있습니다.

성자의 이름을 빌려서 하는 사악한 말은 맹목적이어서 결코 진실한 말로 바꿀 수 없습니다. 성자의 이름으로 위장한 잘못된 말은 인간을 어리석음에 빠지게 하여 개인의 행복을 빼앗고 인류의 평화를 파괴합니다.

위대한 성자나 종교는 내 것만 최고라고 말하지 않습니다. 그래서 다른 것을 배척하지 않습니다. 있는 것을 있는 그대로 존중하는 것이 행복을 주는 진실입니다.

# 300. 말의 물음

언제부터 그랬냐고 묻지 마십시오. 과거의 원인이 현재의 결과로 상속되어서 그랬습니다. 언제부터인가는 중요하지 않습니다. 누구나 과거로 돌아갈 수 없기 때문입니다. 언제부터인지 안다고 해도 이제 어떻게 할 수 없습니다. 과거에 형성된 것은 현재 어떻게 할 수 없습니다.

왜 그랬냐고 묻지 마십시오. 태어나기 이전부터 내려온 잠재성향 때문에 그랬습니다. 왜 그랬냐고 물어도 알 수 없습니다. 태어남은 어리석음과 욕망을 가졌기 때문이라서 알 수 없습니다.

오직 주어진 현상을 있는 그대로 알아차려서 지혜가 나야 의문을 풀 수 있습니다. 모두 과거에는 무명을 우두머리로 삼고 현재는 갈애를 동반자로 살아서 생긴 문제입니다.

# 301. 말의 죽음

말 한마디로 죽어가는 사람이 살아날 수 있습니다. 말 한 마디로 산 사람이 죽을 수 있습니다. 말에는 약과 독이 있어서 때로는 약이 되기도 하고 때로는 독이 되기도 합니다. 사람을 살리는 말은 지혜로 하는 말이고 죽이는 말은 어리석음으로 하는 말입니다.

지혜가 있는 말은 무아를 가지고 하는 말이고 어리석음이 있는 말은 자아를 가지고 하는 말입니다. 내가 없는 사람은 오늘도 괴로움의 무거운 짐을 지지 않고 즐거운 발걸음으로 걸어갑니다.

내가 있는 사람은 오늘도 괴로움의 무거운 짐을 지고 고통스러운 발걸음으로 걸어갑니다. 무아를 아는 사람에게는 죽음의 고통이 없습니다. 자아가 있는 사람에게는 죽음의 고통이 있습니다.

# 302. 말의 욕망

너무 많은 것을 기대하는 말을 하지 마십시오. 너무 많은 것을 기대하면 그만큼 실망이 큽니다. 인간의 욕망은 아무리 얻어도 끝이 없습니다. 기대하는 것은 하나의 이상으로 누구에게나 필요합니다. 이상을 가지고 있으면 목표가 있어 노력하게 되고 삶의 활력이 넘칩니다.

하지만 욕망으로 기대하면 어떤 결과도 만족하지 못합니다. 욕망이 있는 기대는 더 나쁜 결과가 생깁니다. 선한 의도를 가지고 필요해서 해야 괴로움을 겪지 않습니다. 열정도 욕망을 가지고 하면 선하지 못한 말이 됩니다.

단지 선한 의도를 가지고 하면 선한 말이 됩니다. 선한 말을 하려면 알아차리고 해야 합니다. 알아차리면서 말하면 욕망이 없어 괴롭지 않습니다.

# *303.* 말의 분리

좋은 말을 하면 받아들여야 합니다. 하지만 좋은 말과 좋은 말을 하는 사람은 분리되어야 합니다. 좋은 말과 좋은 말을 하는 사람은 동일하지 않습니다. 좋은 말은 한 번 나온 것으로 역할을 다한 것입니다.

하지만 좋은 말을 한 사람은 다음에 어떤 상황에서 어떻게 변할지 모릅니다. 좋은 말은 그것 자체가 좋은 의미를 유지하고 있습니다. 허나 좋은 말을 한 사람이 어떤 목적을 성취하기 위해서 말했다면 다음에 다른 말을 할 수 있습니다.

말하는 사람을 불신할 필요는 없습니다. 허나 말하는 사람의 불가피한 상황을 고려한다면 말한 사람을 믿어서도 안 됩니다. 말과 말한 사람을 분리할 때만이 말로 인해 생기는 화를 피할 수 있습니다.

# 304. 말의 비밀

말 속에 비밀이 있습니다. 말 속에 있는 비밀은 말한 사람도 모를 수 있습니다. 왜냐하면 인간은 자신이 하는 일을 모두 알고 하지 않기 때문입니다. 말하는 내용과는 다른 생각을 가지고 있으면서 말하는 경우가 있습니다.

습관적으로 말할 때는 습관인지 인식하지 못하고 말하는 경우도 있습니다. 인간의 마음은 매우 복잡하게 일어나고 사라지기 때문에 그런 마음에 의해서 일어나는 말의 내용을 모두 파악하기는 어렵습니다.

자신의 말조차도 정확히 모르는데 하물며 다른 사람의 말 속에 있는 비밀은 더욱 모를 수밖에 없습니다. 그래서 나의 마음이 아니고 나의 말이 아닙니다. 자신의 말에 자신이 속는 것은 말에 비밀이 있기 때문입니다.

# 옹달샘

## 11

말의 물음

상대에게 물을 때 자기 견해를 관철하려고 묻지 마십시오. 상대에게 물을
때는 어떤 말을 하건 그냥 상대의 말을 경청하십시오.
자기가 원하는 답변을 들으려고 물으면 욕망을 가지고 묻는 것입니다.

# 305. 말의 사과

상대에게 사과를 할 때 자존심을 가지고 해서는 안 됩니다. 자존심을 가지고 하는 사과로는 상대에게 진정한 이해를 구하기 어렵습니다. 자아를 가지고 하는 사과는 적당히 얼버무리려고 하거나 자기 목적을 숨기고 마지못해서 하는 사과입니다.

자존심을 가진 사과는 진실한 사과가 아닌 반쪽짜리입니다. 형식적인 사과를 듣는 사람은 감동을 받지 못해 오히려 더 불쾌한 감정이 일어날 수 있습니다. 사과는 반드시 자기 잘못이 있어서 하는 것만은 아닙니다.

상대의 무모함에 맞서 싸우기보다 상대의 감정을 진정시키려는 사과는 값진 것으로 지혜입니다. 자기 잘못이 없을 때 하는 사과도 억울하게 생각하면 자존심을 버리지 못한 사과입니다.

# 306. 말의 칭찬과 격려

성공한 일에만 칭찬하지 마십시오. 실패한 일에도 격려하십시오. 실패가 없는 성공은 없습니다. 성공은 완성이 아니고 순간의 경험입니다. 성공과 실패는 일어나고 사라지는 과정입니다. 성공을 항구한 성공으로 지속시키고 실패를 성공으로 반전시키려면 두 가지를 있는 그대로 알아차려서 걸림이 없어야 합니다.

즐거운 일에만 칭찬하지 마십시오. 괴로운 일에도 격려하십시오. 괴로움이 없는 즐거움은 없습니다. 즐거움은 완성이 아니고 순간의 느낌입니다.

즐거움과 괴로움은 일어나고 사라지는 과정입니다. 즐거움을 항구한 즐거움으로 지속시키고 괴로움을 즐거움으로 반전시키려면 두 가지를 있는 그대로 알아차려 걸림이 없어야 합니다.

# 307. 말의 자각

괴로워 죽겠다고 말하지 마십시오. "괴로움이 있네"라고
알아차리십시오. 괴로워 죽겠다고 말하면 괴로움을 받아
들이지 못하고 화를 내는 것입니다. 화는 괴로움을 해결
하지 못하고 더 키웁니다. "괴로워하네"라고 하면 괴로움
이 법으로 바뀝니다.

괴로움을 알아차려서 받아들이면 하찮고 실체가 없다는
자각이 일어나 괴롭지 않습니다. 괴로움은 과거에 어리석
음과 욕망이 일으킨 결과입니다. 이미 생긴 결과는 지워
지지 않으므로 있는 그대로 알아차려야 합니다.

괴로움은 순간의 느낌입니다. 괴로움은 나의 괴로움이 아
닌 감각기관이 경험하는 마음입니다. 괴로움을 알아차리
면 괴로움의 지혜가 나 괴로움을 일으킬 행위를 하지 않
습니다.

# 308. 말의 유명

유명해지기 위해 말하지 마십시오. 그냥 필요한 말이라서 하십시오. 유명해지기 위해 하는 말은 자아를 가지고 하는 말이라 진실이 아닙니다. 자아로 하는 말은 진실이 없어 욕망을 가지고 꾸며서 말합니다.

허황된 말을 하면 나중에 감당하기 어려운 공허함으로 고통을 겪습니다. 유명해지려고 말하는 순간 오히려 자기 명예가 실추됩니다. 헛된 명예에 사로잡히면 남을 의식해 자기 삶을 살지 못합니다.

유명해지려고 말할수록 세속적으로 천박한 사람이 됩니다. 유명해지려고 하면 남의 성공을 시기합니다. 자기 성공만 바라면 남의 일에 관대하지 못하고 질투를 합니다. 훌륭한 사람은 진실을 말하므로 유명해지기 위해 말하지 않습니다.

# 309. 말의 물음

상대에게 물을 때 자기 견해를 관철하려고 묻지 마십시오. 상대에게 물을 때는 어떤 말을 하건 그냥 상대의 말을 경청하십시오. 자기가 원하는 답변을 들으려고 물으면 욕망을 가지고 묻는 것입니다.

자기가 원하는 답변을 들으려고 하면 상대와 다툼이 생길수 있습니다. 이렇게 묻는 것은 상대를 존중하지 않는 이기적인 행위입니다. 상대의 말이 자신의 견해와 같으면 자신의 견해에 대해 확신을 가지면 됩니다.

상대의 말이 자신의 견해와 다르면 자신의 견해가 잘못되었는지 한번 숙고해야 합니다. 자신의 견해와 같기를 바라고 물으려면 묻지 말아야 합니다. 자기 견해가 확고한데도 물으면 자기 책임을 회피하려는 기만이 될 수 있습니다.

## 310. 말의 작용

세간의 말에는 답이 없습니다. 세간에서는 이렇게 해야
한다고 말하거나 이렇게 하지 말아야 한다고 말하기 때문
에 근본적인 문제를 풀길이 없습니다. 어떻게 하려고 할
때는 하려고 하는 작용에 대한 하지 않으려고 하는 반작
용이 일어나 항상 충돌을 합니다.

출세간의 말에 답이 있습니다. 출세간에서는 이렇게 할
수도 있다고 말하거나 저렇게 할 수도 있다고 말하여 스
스로 선택을 하도록 해 답에 접근할 수 있습니다. 이것보
다 더 수승한 방법은 어떻게 하려고 하지 않고 있는 그대
로 알아차리는 것입니다.

어떻게 하려고 하지 않으면 작용에 대한 반작용이 일어나
지 않습니다. 있는 그대로 알아차리면 대상의 성품이 보
여 걸림이 없습니다.

# *311.* 말의 법

사람들은 법을 말하면서도 자기 견해로 법을 말합니다. 법을 가르치는 스승을 찾으면서도 자기 견해에 맞는 스승을 찾습니다. 사람들은 자기 견해를 배재한 있는 그대로의 법과 있는 그대로의 스승을 찾지 않습니다. 그래서 있는 그대로의 진실을 발견하지 못합니다.

누구나 자아를 가지고 살기 때문에 이러한 구조적인 한계에서 벗어나기 어렵습니다. 진실은 지금 여기에 있지만 자기 마음에 쳐진 장막이 눈을 가려 진실을 보지 못합니다. 이런 사람은 아직 선업의 조건이 성숙되지 않아서 때를 만나지 못하고 있습니다.

자기 견해가 강하면 우물가에 왔어도 물을 마시지 못합니다. 유신견이 강하면 타는 목마름을 영원히 해결하지 못합니다.

# 312. 말의 존경

개인의 인지능력이 향상되면 지식이 축적되어 남을 존경하는 말을 하지 않습니다. 존경하는 사람이 없으면 바른 표상이 없어 어떻게 사는 것이 바른지 알 수 없습니다. 현재의 사회는 감각적 욕망과 이기심으로 가득 차 마땅히 존경할만한 사람이 없는 것도 문제입니다.

존경할만한 사람이 없는 것은 누구에게나 불행한 일입니다. 존경할만한 사람이 없으면 개인이나 사회를 비추는 등불이 없어 어둠에서 방황합니다. 옳고 그름으로 양극화된 극단적인 성향을 가진 사람은 설령 존경할 만한 사람이 있어도 알지 못합니다.

이제 존경할 만한 사람이 없는 것을 한탄만 할 것이 아니고 자기가 존경받을만한 말을 하거나 행동을 해야 하겠습니다.

# 313. 말의 과정

생각으로부터 말이 나오고 행위로 이어지는 것은 하나의
과정입니다. 바른 생각으로부터 바른 말이 나오고 바른
행위로 이어집니다. 바른 생각으로만 그치고 바른 말을
하지 않거나 바른 행위를 하지 않으면 선한 결실을 맺지
못합니다.

바르지 못한 생각이 바르지 못한 말을 해서 바르지 못한 행
위로 이어집니다. 바르지 못한 생각으로만 그치고 바르지
못한 말을 하지 않거나 바르지 못한 행위를 하지 않으면 잘
못된 결실이 생기지 않습니다.

바른 생각이 바른 말과 행위로 이어지게 하기 위해서는
알아차려서 더 바르게 해야 합니다. 바르지 못한 생각이
바르지 못한 말과 행위로 이어지지 않게 하기 위해서는
알아차려서 제어해야 합니다.

# 314. 말의 귀

말을 해도 못 알아듣는 사람은 아직 말을 알아들을 때가 되지 않았습니다. 말귀는 지혜라서 알아듣는 마음이 열려야 합니다. 자아가 강하면 자기 생각 외에 다른 말을 들으려고 하지 않아 무슨 말을 해도 알아듣지 못합니다.

이것이 어리석음이지만 바른 말은 계속되어야 합니다. 바른 말이 없다면 말귀가 더 막혀 어리석음에서 벗어날 기회가 사라집니다. 말을 알아듣지 못한다고 화를 내서는 안 됩니다. 나무를 심고 물을 주고 기다려야 나무가 자랍니다.

말귀가 막힌 사람에게 욕망을 가지고 고치려고 말해서는 안 됩니다. 단지 사랑을 나누는 마음으로 말해야 합니다. 상대를 이해하고 자애로 말할 때만이 말귀가 열려 지혜가 납니다.

# 315. 말의 종자

말은 말한 순간에 사라지고 없지만 말에는 종자가 있어
선한 말이나 악한 말에 따라 적절한 과보를 받습니다. 말
은 감각기관에 의해 일어나므로 나의 말이 아닙니다. 하
지만 말에 담긴 종자가 있어 과보가 상속됩니다.

과보의 상속으로 인해 나의 말이 아니라고 할 수도 없고
나의 말이라고 할 수도 없습니다. 여기에는 오직 원인과
결과만 있습니다. 말로 인한 원인과 결과가 연기를 회전
시키면 윤회를 합니다.

선한 말을 하면 선한 과보로 행복하게 살고, 악한 말을 하
면 악한 과보로 불행하게 삽니다. 과보를 받는 나는 없지
만 항상 행복과 불행을 경험하는 마음은 있습니다. 누구도
자기가 한 말에 대한 과보로부터 자유로울 수 없습니다.

# 316. 말의 신뢰

상대의 기분은 무시하고 자기 기분으로만 말하면 안 됩니다. 언제나 내 마음만 있는 것이 아니고 상대의 마음도 있습니다. 상대에게 바라는 것이 있을 때는 먼저 상대의 마음을 사야 합니다. 상대의 마음을 헤아려서 존중할 때만이 상대로부터 신뢰를 받습니다.

진실한 마음으로 말하지 않으면 상대로부터 신뢰받지 못합니다. 자기 마음을 숨기는 것도 한 두 번이지 언젠가는 드러나기 마련입니다. 상대의 마음을 사지 못하면 아무것도 얻지 못합니다. 물질을 얻고자 할 때도 물질을 거래하는 것이 아닌 마음을 거래하는 것입니다.

내 마음이 욕망으로 가득 차 있으면 상대에게 감지됩니다. 그러면 상대도 본능적으로 방어하는 자세를 취합니다.

# 317. 말의 행복

생각이 부족해서 하는 말을 탓해서 무엇 하겠습니까? 몰라서 말하는 것을 탓하면 똑같이 모르는 것입니다. 내가 아는 것도 상대가 보면 모르는 것이 될 수 있습니다. 어차피 서로가 완전하게 알기는 어렵습니다. 사소한 허물은 덮어두고 가는 것이 지혜입니다.

조금 더 아는 자가 몰라서 하는 말을 이해해야 합니다. 몰라서 하는 말을 이해하는 것이 관용입니다. 내가 관용으로 받아들이지 않으면 상대를 비난하거나 멸시하고 미워합니다. 이것이 바로 자기가 일으킨 어리석음입니다.

누구나 자기 견해를 가지고 살지만 조화를 이루는 것이 평화입니다. 무엇이나 사사건건 분석하고 판단을 내리지 말고 있는 그대로 알아차리는 것이 행복입니다.

# 318. 말의 비교

내 말은 이런데 당신 말은 왜 그러냐고 하지 마십시오. 비교는 세속의 기준이지 출세간의 기준이 아닙니다. 모든 사람들은 자기 생각으로 말을 합니다. 자신이 지은 행위에 대한 결과가 서로 달라 말이 같을 수 없습니다. 서로 다른 견해가 있어도 존중해야 합니다.

때로는 세간의 비교가 경쟁심을 부추겨 발전을 도모할 수도 있습니다. 하지만 이러한 경쟁심으로는 출세간의 지혜를 얻을 수 없습니다. 출세간의 깨달음은 오직 자신의 성찰을 통해 궁극의 지혜를 얻는 것이라서 비교의 대상이 아닙니다.

내가 우월하고 당신이 열등하다거나, 내가 열등하고 당신이 우월하다는 비교는 내면을 성찰하는데 전혀 도움이 되지 않는 장애입니다.

# 319. 말의 실천

백 마디 바른 말보다 한 번 실천하는 것이 낫습니다. 바른 말은 실천하기 위한 하나의 수단이지 말 자체로 바른 것이 완성된 것은 아닙니다. 생각으로부터 시작된 말은 다음 단계의 행동을 위한 과정입니다.

생각을 한 뒤에 말없이 실천에 옮길 수도 있지만 이때 생각의 단계에서 이미 언어의 개념이 설정됩니다. 말을 한 뒤에 실천이 따르지 않으면 공허한 메아리가 됩니다. 바른 말을 한 뒤에 실천이 따르지 않으면 말은 바르게 하고 나쁜 행동을 할 수도 있습니다.

누군들 말을 못하겠습니까? 공치사에 그친 말은 가식이라서 진실한 행위가 아닙니다. 진실한 사람은 실천하지 못할 말을 하지 않습니다. 실천이 없는 말은 관념에 불과합니다.

# 320. 말의 바름

바른 생각이 바른 말과 바른 행위를 하여 바른 결과를 얻습니다. 이러한 결과는 반드시 행한 대로 받는 원인과 결과로 진행됩니다. 바른 생각과 말과 행위를 해야 자신을 위험으로부터 보호합니다. 바른 말을 하지 않으면 바르지 못한 말을 하여 불행해집니다.

바른 말은 선한 마음에서 나옵니다. 선한 마음을 가지려면 몸의 호흡을 알아차려서 집중력을 키워야 합니다. 집중이 되면 마음이 고요해져 번뇌가 들어오지 않습니다. 하지만 고요한 마음만으로는 번뇌를 막을 수 없습니다.

번뇌를 소멸시키려면 몸과 마음을 있는 그대로 알아차려서 생긴 집중의 힘으로 지혜를 얻어야 합니다. 어리석음은 번뇌를 집착하고 지혜는 번뇌를 끊습니다.

# 321. 말의 무상

평생 동안 말을 하고도 남아있는 말은 없습니다. 아무리 많은 말을 해도 말은 말한 순간에 사라집니다. 과거에 한 말이나 지금 한 말이나 미래에 할 말조차도 일어나면 사라지고 없습니다.

일어나서 사라지고 없는 말은 나의 말이 아닙니다. 단지 말한 순간의 감각기관이 감각대상과 접촉해서 생긴 말입니다. 하지만 말에는 과보가 있어서 선한 말을 하면 선한 과보가 따르고 불선한 말을 하면 불선한 과보가 따릅니다.

그러나 모든 말이 일어나서 사라지고 없는 무상이라고 알면 어떤 과보에도 걸리지 않습니다. 무상을 알면 무아의 지혜가 나서 과보를 받을 나도 없어 괴롭지 않습니다. 이것이 수행을 해서 통찰지혜를 얻어야 하는 이유입니다.

# 322. 말의 왜곡

말은 상황에 따라 본래 말하려는 내용과 다르게 말할 수 있습니다. 또 듣기에 따라 본래 말한 내용과 다르게 들을 수 있습니다. 말하는 사람이 본래의 마음을 숨기고 말하는 경우에는 진실한 말이 아닙니다.

또 듣는 사람이 말의 진의와 다르게 자기 입장으로 왜곡해서 들을 수 있습니다. 이처럼 말의 진실은 알 수 없고, 해석도 달라 정확한 뜻이 밝혀지기 어렵습니다. 이런 이유로 말에 대한 오해가 있으며, 항상 다툼의 소지가 있습니다.

이와 같은 말 때문에 싸우면 말장난을 하는 것입니다. 말은 하나의 명칭으로 자기 생각을 드러내고자 하는 관념적인 도구일 뿐입니다. 말을 한 뒤 말과 같은 실천을 해야 비로소 말의 진의가 드러납니다.

# 323. 말의 객관성

세간의 말이 있고 출세간의 말이 있습니다. 세간에서는 어리석음과 욕망으로 말합니다. 출세간에서는 지혜와 자애로 말합니다. 어리석음과 욕망을 가진 자는 지혜와 자애를 가진 자를 이해하지 못하고 불쌍히 여깁니다.

지혜와 자애를 가진 자는 어리석음과 욕망을 가진 자를 이해하고 동정합니다. 세간의 말은 주관적 진실로 세간에서 통용되는 질서입니다. 출세간의 말은 객관적 진실로 출세간에서 통용되는 질서입니다. 세간에서는 세간의 말이 옳고, 출세간에서는 출세간의 말이 옳습니다.

하지만 궁극의 진리에 이르려면 대상을 객관적으로 알아차릴 필요가 있습니다. 대상을 있는 그대로 알아차려야 주관적 진실이 객관적 진실로 바뀝니다.

# 324. 말의 변죽

자아가 강한 사람을 향해 곧이곧대로 말하면 반발할 수
있습니다. 이런 때는 감정이 상하지 않게 변죽을 울리는
말이 필요합니다. 상대에게 바로 말하지 않고 에둘러서
말하면 눈치 채지 못하고도 깨닫게 됩니다.

벽을 쳐서 대들보가 울리는 것처럼 말하면 효과를 기대할
수 있습니다. 상대에게 우회적으로 말해서 바른 뜻을 드
러내면 상대가 스스로 각성하여 바른 판단을 합니다. 당
신이 틀렸다고 말하기보다는 "나는 이렇게 하는 것이 좋
아 보이더라" 하는 식의 표현이 필요합니다.

'너' 라는 이인칭보다 '나' 라고 하는 일인칭을 사용하는 것
이 효과적일 때가 있습니다. 상대를 직접 겨냥해서 말하면
보호본능이 생겨 저항할 수 있습니다.

# 325. 말의 평등심

옳은 것을 위해 그른 것을 배척하는 말을 하면 옳은 것도 놓칩니다. 옳은 것은 옳은 것대로 필요하고 그른 것은 그른 것대로 있을 수밖에 없어서 생긴 일입니다. 옳은 것을 위해 그른 것을 배척하면 극단에 빠져 옳은 것도 제대로 소유하지 못합니다.

좋은 것을 위해 나쁜 것을 비난하는 말을 하면 좋은 것도 놓칩니다. 좋은 것이 필요해서 나쁜 것을 비난하면 좋은 것을 집착하고 나쁜 것을 미워합니다. 좋은 것을 위해 나쁜 것을 비난하면 극단에 빠져 좋은 것도 제대로 소유하지 못합니다.

옳고 그름과 좋고 나쁨을 모두 있는 그대로 알아차려서 평등심을 가져야 합니다. 평등심으로 중도를 실천하면 혜안이 생겨 성스러운 행복을 얻습니다.

# 326. 말의 감성

남의 말에 귀가 엷은 사람은 감성적입니다. 정이 넘치면 기쁨과 슬픔을 감당하지 못해 괴롭습니다. 감정의 기복이 심하면 바른 판단을 하지 못해 위험한 말을 합니다. 기쁠 때는 기뻐하는 마음을 알아차리고 슬플 때는 슬퍼하는 마음을 알아차린 뒤에 가슴에 있는 느낌을 알아차려야 합니다.

정이 많으면 좋은 가르침을 쉽게 받아들이고 남을 동정하는 선업을 쌓지만 필요이상의 행동을 해 자기 덫에 걸릴 위험이 있습니다. 삶에 감성은 필수적이지만 지나치면 균형이 무너지므로 절제가 있어야합니다.

이때 필요한 것이 이성적인 마음입니다. 감성으로 자기 내면을 풍요하게 하되 넘치지 않도록 하는 이성이 작용해야 불행하지 않고 행복합니다.

# 327. 말의 승리

말로 싸워서 이기는 것은 승리가 아닙니다. 말로 싸워서 이기는 것은 패배입니다. 싸워서 이기려는 마음에는 탐욕과 성냄과 어리석음이 있습니다. 나쁜 마음으로 싸워서 이기면 번뇌를 키우는 것이라서 패배입니다.

싸워서 얻은 물질과 정신의 전리품이 자신의 이기적 욕망과 어리석음을 부추겨 파멸로 이끕니다. 승자의 교만과 패자의 절망은 모두 유익한 것이 아닙니다. 있는 그대로 존중하고 받아들이는 것이 진정한 승리입니다.

싸워서 이기는 승리란 한순간의 만족에 불과합니다. 투쟁해서 얻은 것이 있다고 해도 내 것이 아닙니다. 원래 승리한 자도 없고 패배한 자도 없습니다. 순간의 마음이 경험하고 이 경험도 이내 사라지고 맙니다.

# 328. 말의 원인

모든 것에는 반드시 원인이 있습니다. 원인에 의해서 생긴 것이 결과입니다. 원인이 없는 결과는 없습니다. 마음은 원인이고 말이 결과입니다. 말은 마음에 의해 나왔으므로 마음이 없으면 말이 없습니다.

마음의 원인은 인과응보입니다. 마음은 과거에 행한 인과응보를 원인으로 생긴 결과입니다. 인과응보가 없으면 마음이 일어나지 않습니다. 인과응보를 원인으로 마음이 생기고 마음을 원인으로 말이 생기고 말을 원인으로 행위를 하는 것이 윤회입니다.

이때 의도가 있는 행위를 업이라고 합니다. 업이 어떤 내용이냐에 따라 반드시 그에 합당한 결과를 받습니다. 선한 마음에서 선한 말이 나오고 선한 행동이 나와 선한 과보를 받습니다.

# 329. 말의 길

눈이 밝은 자는 관용과 자애와 지혜를 가지고 선한 말을 합니다. 눈이 먼 자는 탐욕과 성냄과 어리석음을 가지고 선하지 못한 말을 합니다. 말에 담긴 진실을 아는 자는 눈이 밝은 자입니다. 말에 담긴 진실을 모르는 자는 눈이 먼 자입니다.

눈이 밝은 자는 가야할 길을 알아 괴로움이 없는 세계에 이릅니다. 눈이 먼 자는 가야할 길을 몰라 괴로움이 있는 세계에서 벗어나지 못합니다. 선한 말은 영양으로 삼아서 더욱 증장시켜야 해탈의 자유를 얻습니다.

선하지 못한 말은 독약으로 알아야 불행을 예방합니다. 알아차리면서 말하면 선한 말을 하여 번뇌가 생기지 않습니다. 습관적으로 말하면 선하지 못한 말을 하여 번뇌가 생깁니다.

# 330. 말의 신의

자기가 한 말에 대해 신의를 지키는 것은 믿음을 저버리지 않는 선한 덕목입니다. 그러나 자기가 한 말이라고 해서 무조건 지켜서는 안 됩니다. 몰라서 어리석었을 때 한 말은 지혜가 나서 새로 알았으면 지키지 않아도 됩니다.

몰랐을 때 한 말조차도 신의를 지키면 어리석은 일입니다. 마음은 매순간 변하며 말도 매순간 변합니다. 이런 마음과 말은 나의 것이 아니고 순간의 연속일 뿐입니다. 세간의 관점에서 보면 한 번 한 말은 신의를 지켜야 합니다.

출세간의 관점에서 보면 잘못된 신의는 즉시 버려야 합니다. 신의는 바른 것을 지키는 믿음이지 바르지 못한 것까지 지키는 믿음은 아닙니다. 의리가 선하지 못한 일에 쓰이면 불행합니다.

# 331. 말의 비난

생명이 있는 동안에는 온갖 괴로움이 있습니다. 내가 의도한 것이든 의도한 것이 아니든 괴로움은 때를 가리지 않고 옵니다. 특히 남이 나를 비난할 때 더욱 괴롭습니다. 남의 비난에 반응하지 않으면 남의 비난은 그가 갖습니다.

남의 비난에 반응하면 남의 비난을 내가 갖습니다. 남의 잘못을 내가 갖는 것은 어리석은 일입니다. 남의 잘못을 내가 갖지 않는 것이 지혜입니다. 남의 비난에 반응하지 않으면 괴롭지 않습니다.

남의 비난에 반응해서 나도 남을 비난하면 이중으로 괴롭습니다. 비난을 들어서 괴롭고, 다시 남을 비난하는 나의 행위 때문에 괴롭습니다. 비난의 괴로움에는 자아가 있습니다. 무아의 지혜만이 걸림이 없습니다.

# 332. 말의 분수

지혜가 있는 자는 분수에 맞는 말을 합니다. 분수를 지키려면 생각과 말과 행동이 부족하지도 넘치지도 않아야 합니다. 이것이 균형이며 팔정도고 위빠사나 수행의 알아차림입니다. 어떤 대상이나 있는 그대로 알아차리면 분별하는 힘이 생겨 중도를 지킵니다.

무엇이나 집착을 하면 욕망으로 분수에 넘치는 말을 해서 일을 그르칩니다. 욕망에 빠지지 않으려면 도덕적 절제가 필요합니다. 도덕적 절제가 욕망의 힘보다 약하면 분수에 넘치는 말을 합니다.

도덕적 절제가 욕망의 힘보다 강하면 분수에 맞는 말을 합니다. 도덕적 절제의 힘을 키우려면 있는 그대로 알아차려서 지혜를 얻어야 합니다. 지혜만이 중도를 지켜 자신을 자유롭게 합니다.

# 333. 말의 정의

정의라는 이름으로 하는 말이 주관적이어서는 안 됩니다. 객관적 진실을 말할 때만이 바른 도리입니다. 힘이 있는 자는 정의라는 이름으로 자기 실리를 취합니다. 이런 정의는 힘없는 자를 살상하거나 착취합니다. 이것은 정의가 아니고 사악한 탐욕입니다.

힘이 없는 자들은 정의라는 이름으로 모든 것을 배척합니다. 이런 정의는 질서를 파괴하고 부정합니다. 이것은 정의가 아니고 성냄입니다. 정의가 바로서기 위해서는 자아가 없어야 합니다.

내가 있는 한 자신의 정의지 바른 정의가 아닙니다. 바른 정의는 이기적 욕망으로 하지 않고 배타적으로 화를 내지 않습니다. 말의 정의는 거짓말, 비방, 거친 말, 경솔한 말을 하지 않는 것입니다.

# 334. 말의 의심

마음이 안정을 얻지 못하고 불안하면 의심하는 말을 합니다. 부정직한 생각을 많이 해도 의심하는 말을 합니다. 지혜가 없고 어리석어도 의심하는 말을 합니다. 모든 의심은 믿음이 없고 혼란한 상태에서 일어납니다.

특히 확신에 찬 믿음이 없으면 훌륭한 가르침이 있어도 의심을 해서 받아들이지 않습니다. 의심은 끈기가 없고 결단력이 없는 우유부단한 상태에서 더 커집니다. 해야 할 일을 회의적으로 의심하면 나태함에 빠져 아무것도 성취할 수 없습니다.

의심하는 말을 하면 상호의 신뢰가 무너집니다. 무조건 믿는 것도 병이지만 무조건 의심하는 것은 더 큰 병입니다. 의심은 고요한 마음으로 인해서 생긴 혜안으로써만이 제거됩니다.

# 옹달샘

## 12

### 말의 평정

평정심이 있을 때 균형이 있는 말을 합니다. 평정심으로 말하면 좋아하고
싫어하거나, 집착하고 혐오하는 말을 하지 않습니다.
세상에는 온갖 불평등이 있어 갈등을 느낍니다.

# 335. 말의 칭찬

남이 나를 칭찬하는 말을 집착하면 나를 비난하는 말을 견디지 못합니다. 남이 나를 칭찬하는 말에 반응하지 않으면 나를 비난하는 말에 반응하지 않아 괴롭지 않습니다. 남이 나를 칭찬하는 말은 단지 상대의 의견에 불과합니다.

남의 의견과 나의 실재는 다릅니다. 남이 나를 칭찬해도 할 일을 한 것으로 알아야 합니다. 당연한 일을 칭찬 할 때는 겸허하게 받아들여야 합니다. 칭찬받기 위해서 말하지 말고 단지 필요해서 말해야 합니다.

지혜가 있는 자는 칭찬을 즐기지 않고 남에게 지나친 칭찬을 하지 않습니다. 어리석은 자는 칭찬을 즐기고 남에게 지나친 칭찬을 합니다. 칭찬을 즐기면 감각적 욕망이 생기고 지나친 칭찬은 아첨입니다.

# 336. 말의 자애

자애로운 말은 선한 마음에서 나오는 인간의 숭고한 사랑입니다. 자애는 존재하는 모든 생명의 번영과 행복을 함께 추구합니다. 이러한 사랑이 자신에게도 깨끗한 행복을 가져옵니다. 그러므로 자애로운 말은 인간에게 가장 부드럽고 가장 강력하고 가장 고귀한 진실입니다.

자애로운 말의 직접적인 적은 화를 내는 말, 악한 의도로 하는 말, 혐오하는 말입니다. 간접적인 적은 이성간의 사랑에 관한 말입니다. 이성간의 사랑은 투기가 있지만 자애는 모든 생명이 더불어 사는 가장 보편적인 가치입니다.

화가 나는 말로 자신을 불태우지 않는 유일한 길은 자애로운 말로 자신의 내면을 따뜻하게 하는 것입니다. 자애로운 말은 행복의 샘입니다.

# *337.* 말의 연민

모든 생명의 행복을 위해 자애로운 말을 하는 자는 다른 생명이 고통을 겪을 때 연민의 마음으로 위로하고 도움을 줍니다. 남의 불행을 구해주기 위해 자기 행복까지 희생할 수 있으면 더 숭고한 덕입니다.

가난한 자, 병든 자, 고독한 자, 무지한 자, 사악한 자, 타락한 자들 모두가 하나같이 동정을 받아야 할 자들입니다. 이런 자들에게 연민의 마음을 갖는 것이 바로 나를 돌보는 것입니다.

연민의 말에 직접적인 적은 사악한 말입니다. 간접적인 적은 조심스럽게 걱정하는 말입니다. 고통 받는 모든 생명들을 적극적으로 포용하여 따뜻하게 위로하고 도움을 줄 때 잔인함이 제거됩니다. 마음의 평화는 물질이 아닌 숭고한 정신에 나옵니다.

# *338.* 말의 기쁨

자애로움과 연민으로 말하는 자는 남의 즐거움에 대해 함께 기뻐하는 말을 합니다. 남이 잘 된 일을 함께 기뻐하는 말은 남의 성공을 질투하지 않고 호의적으로 받아들이는 숭고한 마음입니다.

남의 성공을 시기하여 파멸하기를 바라는 마음은 남이 파멸하기 전에 스스로 파멸합니다. 남의 행복을 함께 기뻐하면 상대의 행복이 그대로 자신에게도 옵니다. 남의 행복을 시기하면 남의 행복을 자신과 나누어 가질 수 없습니다.

남을 위해 기뻐하는 말의 직접적인 적은 질투하는 말입니다. 간접적인 적은 자기 즐거움에만 도취되는 것입니다. 나만 있고 남을 인정하지 않는 자나 사상이나 종교는 존립의 가치가 없고 다른 생명에게 해로움을 줍니다.

# 339. 말의 평정

평정심이 있을 때 균형이 있는 말을 합니다. 평정심으로 말하면 좋아하고 싫어하거나, 집착하고 혐오하는 말을 하지 않습니다. 세상에는 온갖 불평등이 있어 갈등을 느낍니다.

누구나 세속의 여덟 가지 조건인 이익과 손실, 명예와 불명예, 칭찬과 비난, 행복과 불행의 갈림길에서 고통을 겪습니다. 하지만 평등의 덕목이 있으면 좋고 싫음에 흔들리지 않습니다. 이때의 평정은 단순하게 중립적인 느낌이 아니고 숭고한 덕을 의미합니다.

평정의 직접적인 적은 집착하는 말입니다. 간접적인 적은 무감각한 말입니다. 평정은 선과 악, 옳고 그름, 사랑과 미움을 모두 포용합니다. 그리하여 통찰지혜가 나서 고통뿐인 바다를 건너 피안에 이릅니다.

# 340. 말의 공덕

공덕이 되는 말을 하면 선한 과보를 받아 현재도 행복하고 미래도 행복합니다. 공덕이 없는 말을 하면 불선과보를 받아 현재도 불행하고 미래도 불행합니다. 공덕을 바라밀이라고 하는데 완성을 뜻합니다. 바라밀은 깨달음을 얻어 피안으로 건너가게 하는 완전한 행위입니다.

바라밀은 열 가지가 있습니다. 보시, 지혜, 출가, 지혜, 정진, 인내, 진실, 발원, 자비, 평정입니다. 공덕을 쌓는 행위를 하는 자를 보살이라고 합니다. 공덕은 자애, 연민, 기쁨, 평정에 의해서 함양됩니다.

또 이성적인 마음에 의해서 이끌립니다. 공덕은 이기적인 마음의 영향을 받지 않습니다. 또 삿된 믿음과 자만심에 의해 타락되지 않는 가장 순수한 덕목입니다.

# *341.* 말의 결과

선하지 못한 말은 공덕이 없는 행입니다. 공덕이 없는 행을 하면 이 과보로 현재도 사악도인 지옥, 축생, 아귀, 아수라의 마음으로 살고 죽어서도 사악도에 태어납니다. 선한 말은 공덕을 짓는 행입니다. 하지만 바라는 마음으로 공덕을 짓는 행을 하면 반쪽짜리 과보를 받습니다.

욕계 공덕을 짓는 행을 하면 인간으로 태어나거나 욕계천상에 태어납니다. 색계 공덕을 짓는 행을 하면 색계 천인으로 태어납니다. 무색계의 공덕을 짓는 행을 하면 무색계 천인으로 태어납니다.

선한 말로 공덕을 짓는 행을 하되 아무 것도 바라지 않고 하면 완전한 공덕행이 됩니다. 완전한 공덕의 과보로 괴로움뿐인 윤회에서 벗어나 지고의 행복을 얻습니다.

# *342.* 말의 이익과 손실

세간에서는 이익이 있는 말과 손실이 있는 말이 있습니다. 이익이 있는 말은 선한 마음으로 하는 말입니다. 이익이 있는 말을 하면 선과보로 인해 행복합니다. 손실이 있는 말은 선하지 못한 마음으로 하는 말입니다. 손실이 있는 말을 하면 불선과보로 인해 불행합니다.

세간의 마음은 선심과 불선심이 항상 붙어있기 때문에 언제나 이익과 손실을 오가며 경험합니다. 세간의 삶은 완전하지 않아 시계추처럼 행복과 불행을 왕래합니다. 출세간에서는 이익과 손실이 없습니다.

모든 대상을 있는 그대로 알아차리면 작용하는 마음만 있어 이익과 손실에서 벗어납니다. 선악이 소멸한 출세간의 법이 있을 때만이 괴로움뿐인 윤회가 끝납니다.

# 343. 말의 명예와 불명예

세간에서는 명예로운 말과 명예롭지 못한 말을 합니다. 누구나 명예를 원합니다. 그리고 명예를 얻기 위해 말하고 행동합니다. 명예를 쫓다보면 유명해지기를 바라서 헛된 미몽에 빠질 수 있습니다. 명예를 얻었다고 해도 얻은 순간에 허공으로 사라지고 맙니다.

누구나 불명예를 원하지 않습니다. 그러나 명예를 얻으려는 마음이 지나치면 불명예가 될 수 있습니다. 세간에서는 명예와 불명예를 시계추처럼 오가며 경험합니다. 출세간에서는 명예와 불명예가 없습니다.

모든 대상을 있는 그대로 알아차리면 작용하는 마음만 있어 명예와 불명예에서 벗어납니다. 세간의 법이 소멸한 출세간의 법이 있을 때만이 괴로움뿐인 윤회가 끝납니다.

# 344. 말의 칭찬과 비난

세간에서는 칭찬하는 말을 하거나 비난하는 말을 합니다. 좋은 일은 칭찬하고 나쁜 일은 비난하는 것이 일상의 삶입니다. 칭찬을 싫어하는 사람은 없고 비난을 좋아하는 사람도 없습니다. 칭찬을 들으려고 집착하면 탐욕이 일어나며 비난을 듣지 않으려고 하면 성냄이 일어납니다.

세간에서는 항상 칭찬과 비난을 시계추처럼 오가며 좋아하고 싫어합니다. 이러한 삶에서는 대상이 가지고 있는 진실한 성품을 몰라 괴롭습니다. 출세간에서는 칭찬과 비난이 없어 괴롭지 않습니다.

모든 대상을 있는 그대로 알아차리면 작용하는 마음만 있어 좋고 싫음에서 벗어납니다. 오직 출세간의 법에서 모든 번뇌가 소멸하여 괴로움뿐인 윤회가 끝납니다.

# 345. 말의 행복과 불행

세간에서는 행복한 말을 하거나 불행한 말을 합니다. 행복과 불행은 인간에게 가장 큰 영향을 줍니다. 인생의 성공과 실패가 행복과 불행으로 결정됩니다. 인간이 추구하는 행복은 감각적 욕망입니다. 감각적 욕망은 아무리 가져도 만족할 수 없어 행복을 원할수록 불행합니다.

이런 행복은 이기적이라 얻지 못하면 괴롭습니다. 세간의 행복과 불행은 시계추처럼 오가기 때문에 고통뿐입니다. 출세간에서는 행복이나 불행을 있는 그대로 알아차려서 괴롭지 않습니다.

행복과 불행에서 벗어난 법의 맛이 진정한 행복입니다. 참된 행복은 자신의 내면을 알아차려서 생긴 지혜입니다. 행복과 불행은 나의 것이 아니고 감각기관이 느끼는 것입니다.

# 346. 말의 선악

자기에 대해서 하는 말은 단지 자기 생각입니다. 내가 선한 자라고 말해도 자기 생각일 뿐 진실과는 다릅니다. 내가 선하다고 말하는 순간 이미 선한 자가 아닙니다. 진정으로 선한 자는 자신을 선한 자라고 말하지 않습니다.

내가 악한 자라고 말해도 자기 생각일 뿐 진실과는 다릅니다. 내가 악하다고 말하는 순간 이미 악한 자가 아닙니다. 진정으로 악한 자는 자신을 악한 자라고 말하지 않습니다. 인간은 완전하게 선한 자도 없고 완전하게 악한 자도 없습니다.

조건에 따라 선한 마음도 일어나고 악한 마음도 일어납니다. 대상을 있는 그대로 알아차려서 지혜가 나면 단지 작용만 하는 마음만 있어 선악을 떠난 출세간의 마음이 있습니다.

# *347.* 말의 꽃

선한 마음으로 선한 말을 하고 선한 행위를 하면 현재도 행복하고 미래에도 행복합니다. 허나 선한 마음으로 선한 말과 선한 행위를 할 때 바라는 마음이 있으면 무명에서 핀 꽃입니다. 선한 마음은 아름다운 꽃이지만 바라는 마음은 무명입니다.

선한 일도 욕망으로 했을 때는 다시 태어나는 고통을 겪어야 하기 때문에 어리석은 일입니다. 선한 일은 존중해야 하지만 욕망으로 했을 때는 윤회에서 벗어날 수 없는 반쪽짜리 선이라 존중해서는 안 됩니다. 반쪽의 선은 반쪽의 악이 있어 행복과 불행이 교차합니다.

무엇도 바라지 않고 있는 그대로 알아차리면서 하는 선한 말은 무명에서 핀 꽃이 아니고 지혜의 동산에서 핀 아름다운 꽃입니다.

# 348. 말의 청정

여섯 가지 감각기관이 여섯 가지 감각대상과 접촉했을 때 대상을 있는 그대로 보고 말하면 청정한 행위입니다. 청정하면 맑고 깨끗하여 더럽고 속되지 않습니다. 청정하지 못하면 선입관을 가지고 좋고 싫음으로 반응해서 본래의 뜻을 왜곡합니다.

청정한 말은 죄가 없고 계행이 바르고 단정합니다. 청정한 말은 세간의 선악을 벗어난 출세간의 완전한 선입니다. 세간의 선은 항상 악이 붙어있습니다. 출세간의 청정이 통찰지혜가 나게 하여 열반에 이릅니다.

그러므로 청정함이 열반을 준비하는 최적의 조건입니다. 열반은 어느 날 홀연히 오지 않습니다. 해탈은 마음과 말과 행위가 청정해서 무상, 고, 무아를 아는 지혜가 성숙될 때 옵니다.

## 349. 말의 흐름

누구의 말이건 그냥 흘러가게 두십시오. 말은 하는 순간 일어나서 사라지고 없습니다. 내 말이나 남의 말이나 사라지고 없는 말을 기억하여 현재로 가지고 오면 괴롭습니다. 듣기 좋은 말도 괴롭고 듣기 나쁜 말도 괴롭습니다.

이미 지난 말을 그냥 흘러가게 두면 과거의 뒤안길로 사라져 상처가 아뭅니다. 지난 말을 기억하여 현재로 가져오면 상처가 아물지 않습니다. 말에 마침표를 찍고 고착시키면 말이 사라지지 않고 살아서 가슴에 화의 불을 지핍니다.

이미 사라진 말을 사라지지 못하게 붙잡고 있는 것이 자아입니다. 자아가 있으면 욕망과 어리석음에 눈이 멀어 바른 것을 보지 못합니다. 모든 괴로움의 근원에는 자존심이 있습니다.

# 350. 말의 아름다움

세간의 아름다운 마음과 말과 행위가 있고 출세간의 아름다운 마음과 말과 행위가 있습니다. 세간의 아름다움에는 욕망이 있고 출세간의 아름다움은 있는 그대로 보는 것입니다. 세간의 아름다움은 괴로움을 키우고 출세간의 아름다움은 괴로움을 극복합니다.

세간의 아름다움은 절제가 없고 출세간의 아름다움은 절제가 있습니다. 세간에서는 괴로움을 즐거움으로 알고 출세간에서는 괴로움을 괴로움으로 압니다. 세간의 아름다움에 취하면 윤회의 괴로움을 겪습니다.

출세간의 아름다움은 번뇌가 끊어져 해탈의 자유를 얻습니다. 괴로움을 즐거움으로 안 것은 착각한 아름다움입니다. 괴로움을 괴로움으로 안 것은 청정한 아름다움입니다.

# 351. 말의 균형

탐욕으로 말하지 마십시오. 관용으로 말하십시오. 성냄으로 말하지 마십시오. 자애로 말하십시오. 어리석음으로 말하지 마십시오. 지혜로 말하십시오. 유명해지기 위해 말하지 마십시오. 훌륭한 말이라서 하십시오.

잘 보이려고 말하지 마십시오. 필요한 말이라서 하십시오. 강요하지 마십시오. 이런 말도 있다고 말하십시오. 비우고 버리고 내려놓으려고 하지 마십시오. 있는 그대로 알아차리십시오. 비우고 버리고 내려놓으려는 마음이 욕망이 되면 아무리 노력해도 개선하기 어렵습니다.

있는 그대로 알아차려야 비우고 버리고 내려놓을 수 있습니다. 대상을 객관해서 알아차려야 균형을 이루어 더 이상 이를 것이 없는 통찰지혜를 얻습니다.

# 352. 말의 객관성

남의 말은 허물이 보이고 나의 말은 허물이 보이지 않습니다. 태어나서 지금까지 살면서 오직 밖에 있는 대상만 보았지 자신의 내면을 본 적이 많지 않습니다. 자신의 몸과 마음이 있어서 사는데 자기 몸과 마음을 알아차리지 못했다면 그만큼 부실하게 산 것입니다.

남의 허물이 보이는 것은 남이기 때문입니다. 나의 허물이 보이지 않는 것은 나이기 때문입니다. 남을 볼 때는 객관적인 시각이 생깁니다. 나를 볼 때는 주관적인 시각으로 봅니다. 객관적인 시각이 없고 주관적인 시각만 있다면 사물을 바르게 볼 수 없습니다.

남이 한 말의 허물만 볼 것이 아니고 내가 한 말의 허물도 알아차려야 합니다. 그러면 남의 허물에 관대해집니다.

# *353.* 말의 오온(五蘊)

누가 말을 합니까? 과연 말하는 사람이 누구입니까? 말하는 사람이 남자인가 여자인가요? 말하는 사람이 젊은 사람인가 늙은 사람인가요? 말하는 사람이 있는 것이 아니고 단지 오온이 말합니다. 오온이 말하고 오온이 듣고 오온이 압니다. 인간이 가진 것은 오온이 전부입니다.

인간은 오온이 아닌 어떤 것도 가지고 있지 않습니다. 몸을 뜻하는 색의 무더기와 마음의 작용인 수, 상, 행의 무더기와 아는 마음인 식의 무더기가 결합하여 말하고 듣고 압니다.

말하는 자아가 있어서 내가 말하고 내가 듣고 내가 알지 않습니다. 말하는 사람이 누구인가를 찾아도 찾지 못합니다. 조건에 의한 오온만 있지 나라하고 하는 존재의 실체는 없습니다.

# *354.* 말의 실수

누구나 말과 행동을 실수하면서 삽니다. 실수를 했을 때 자기가 지은 과보에 따라 결과가 다르게 나타납니다. 선한 과보가 많은 자가 실수를 하면 얼마간은 감추어집니다. 그래서 자신의 허물이 크게 드러나지 않아 문제가 되지 않습니다.

선하지 못한 과보가 많은 자가 실수를 하면 감추어지지 않습니다. 그래서 자신의 허물이 크게 드러나 문제가 됩니다. 같은 허물도 어떤 자는 문제가 되지 않고 어떤 자는 문제가 되는 것은 결코 우연이 아닙니다.

선과보가 많은 자의 허물이 감추어지는 것은 선한 자가 누리는 하나의 복덕입니다. 불선과보가 많은 자의 허물이 감추어지지 않는 것은 선하지 못한 자가 받는 어쩔 수 없는 불이익입니다.

# 355. 말의 윤회

선한 자는 따뜻하고 자애롭고 남을 배려하는 말을 합니다. 악한 자는 모질고 남을 속이고 비난하는 말을 합니다. 선하거나 악한 말을 한 과보는 고스란히 미래로 상속됩니다. 원인과 결과로 진행되는 인과응보는 매우 공정하여 예외가 없습니다.

인간의 불평등은 모두 인과응보에 기인한 것입니다. 현재 자신의 행복과 불행도 과거의 원인에서 온 결과입니다. 사람에게 그림자가 따르듯이 인과응보는 그대로 옮겨갑니다. 현재 행복과 불행이 교차한다면 과거에 선한 일과 악한 일을 번갈아가며 했기 때문입니다.

이처럼 지은대로 받는 끝없는 흐름이 윤회입니다. 계속 태어나고 죽는 윤회를 괴로움이 아닌 행복이라고 알면 아직 어리석습니다.

## *356.* 말의 축복

축복은 누가 주는 것이 아닙니다. 축복은 자기가 바른 말을 하고 바른 행동을 해서 얻습니다. 축복은 스스로 도덕적 규범을 지켜 자신을 안전하게 보호할 때 옵니다. 지혜가 있는 사람을 존경하고 사귀는 것이 축복입니다.

선한 일을 한 공덕을 받는 것이 축복입니다. 가족과 이웃과 화목하게 보내는 것이 축복입니다. 먹고 자고 입는 것에 감사하고 오늘 하루를 숨 쉬고 사는 것에 감사하는 것이 축복입니다. 대상을 있는 그대로 알아차려서 통찰지혜를 얻는 것이 가장 큰 축복입니다.

축복은 초월적 존재나 철학이나 형이상학이 아닌 자기 행위에서 나옵니다. 자신이 노력을 해서 축복을 받으면 가족과 사회의 행복과 평화가 이루어집니다.

# *357.* 말의 괴로움

"괴롭네"라고 말하지 마십시오. 괴롭다고 말하면 다음에 "괴로워죽겠네"라고 합니다. 괴롭다고 할 때는 육체적인 느낌이 일어나서 화살을 한 번 맞습니다. 다시 괴로워죽겠다고 하면 정신적 느낌으로 진행하여 화살을 두 번 맞습니다.

화살은 자기가 자신의 가슴에 쏩니다. 누구나 자기가 쏜 화살에 맞아 피를 흘리며 삽니다. 이렇게 상처를 입고 괴롭게 살면서 가슴에 박힌 화살을 뽑으려고 하지도 않습니다. 이것이 바로 어리석음입니다.

어리석게 살다 어리석게 죽고 다시 어리석게 태어나는 것이 윤회의 실재입니다. 이제 "괴로움이 있네"라고 하거나 "지금 괴로워하네"라고 하십시오. 괴로움은 알아차릴 대상이 되어야 소멸합니다.

# 358. 말의 인색

인색한 말과 행위를 하면 현재도 아귀로 살고 죽어서도 아귀가 됩니다. 남에게 베풀고 자기에게 인색해도 현재도 아귀로 살고 죽어서도 아귀가 됩니다. 자기 이익을 위해 남에게는 베푸는 것은 선한 마음으로 하는 것이 아닙니다.

아귀가 되는 마음은 탐욕, 인색, 이기심, 질투입니다. 아귀는 자기 세계가 없고 기형적인 몸을 가지고 더러운 곳에 삽니다. 또 항상 괴로움 속에서 비참하게 삽니다.

아귀는 네 가지 종류가 있는데 자기가 행위를 한 과보대로 태어납니다. 첫째, 먹는 대로 토하는 아귀. 둘째, 항상 배고픈 아귀. 셋째, 항상 목마른 아귀. 넷째, 사람이 남긴 음식찌꺼기, 배설물, 침, 땀, 가래 등 더러운 것을 먹는 아귀가 있습니다.

# *359.* 말의 듣기

법은 있는 그대로의 진실입니다. 법을 배우는 자는 자기 견해는 접어두고 있는 그대로 들어야 합니다. 법을 들을 때 자기 견해에 비추어서 들으면 법이 가진 진실을 알지 못합니다. 법은 와서 보라고 드러내고 있습니다.

그럼에도 있는 법을 알 수 없는 것은 자기 견해가 눈을 가렸기 때문입니다. 윤회하는 생명의 근본원인은 무명과 갈애이기 때문에 누구나 어리석음으로 듣고 욕망으로 듣습니다. 이러한 장벽을 부수려면 선입관을 가지고 대상과 접촉하지 말아야 합니다.

수행자가 남의 말을 듣는 것은 자기 견해를 주장하려는 것이 아닙니다. 무엇이 진실인지 알려고 듣습니다. 있는 그대로 듣고 말하고 실천하는 것이 위빠사나 수행입니다.

# 360. 말의 거짓

거짓말은 계율을 어기는 선하지 못한 말입니다. 진실이 아닌 말을 진실인 것처럼 말하는 것이 거짓말입니다. 거짓말을 한 과보는 다른 사람으로부터 신뢰받지 못하여 명예가 훼손됩니다. 한 번 거짓말을 하면 계속 거짓말을 하여 불신을 받으므로 설자리가 없습니다.

거짓말은 탐욕 때문에 합니다. 자신의 이익을 보호하기 위해 거짓말을 합니다. 거짓말은 성냄 때문에 합니다. 남을 해롭게 하려는 성내는 마음이 있어 거짓말을 합니다. 거짓말은 어리석음 때문에 합니다. 탐욕과 성냄으로 하는 말이 어리석은지 몰라서 거짓말을 합니다.

거짓말을 하는 것이 자신에게 이익이 있어서 괜찮다고 생각한다면 어리석은 마음이며 잘못된 견해입니다.

# 361. 말의 비방

남을 헐뜯고 비난하는 말은 계율을 어기는 선하지 못한 말입니다. 이말 저말을 다르게 옮기면서 이간질을 한 과보는 남으로부터 배척을 받습니다. 이간질을 해서 단합을 저해하는 사람은 분쟁을 즐거워합니다. 이런 마음으로 하는 행위는 고스란히 자신에게 비난으로 돌아옵니다.

비방은 탐욕 때문에 합니다. 자신의 정신적 물질적 이익과 권력과 자기편을 만들기 위해서 하는 비방이 모두 탐욕입니다. 비방은 성냄 때문에 합니다. 상대를 미워하기 때문에 비방을 하며 상대가 잘못되기를 바라는 것이 성냄입니다.

비방은 어리석음 때문에 합니다. 탐욕과 성냄이 바로 어리석음입니다. 이익 때문에 비방이 괜찮다고 생각하면 잘못된 견해입니다.

# 362. 말의 거칠음

거친 말과 험담은 계율을 어기는 선하지 못한 말입니다. 남을 지나치게 공격하는 말을 하거나 험상궂은 말로 고통을 주거나 사실이 아닌 말을 하거나 화를 내면서 말하는 것이 모두 거친 말입니다.

이런 말을 한 과보는 목소리가 나빠지고 남이 자기 말을 싫어합니다. 이런 사람은 집중을 하지 못하고 들떠 있으므로 자기가 먼저 피해를 봅니다. 거친 말은 탐욕 때문에 합니다. 상대가 자신이 원하는 대로 하지 않는다고 거칠게 말하는 것이 탐욕입니다.

거친 말은 성냄 때문에 합니다. 원하는 것을 얻지 못해서 화를 내는 것은 상대가 괴롭기를 바라기 때문입니다. 거친 말은 어리석음 때문에 합니다. 탐욕과 성냄이 있는 것이 어리석음입니다.

# 363. 말의 경솔함

경솔한 말은 계율을 어기는 선하지 못한 말입니다. 경솔한 말이란 때와 장소를 가리지 않고 하는 실없는 소리입니다.

경솔한 말은 사실이 아닌 것을 사실처럼 하는 말, 쓸모없는 말, 원칙이 아닌 말, 아픈 상처를 끄집어내는 말, 쉬지 않고 계속 자기만 하는 말, 목적을 잊어버리고 횡설수설하는 말, 성적인 비속어를 사용하는 말입니다. 경솔한 말의 과보는 진실을 말해도 남이 믿지 않습니다.

괴롭지 않으려면 정치적인 말, 종교적인 말, 이성간의 사랑에 관한 말, 취미나 삶에 잡다한 말을 삼가야 합니다. 이런 내용은 자기 기호라서 바꿀 수 없으므로 서로간의 불화만 조장합니다. 하지 말아야 할 말을 하면 적대적 감정의 골이 깊어집니다.

# 364. 말의 탐욕

탐욕이 있는 마음으로 말하고 행동하면 해로운 업을 일으켜 나쁜 과보를 받습니다. 탐욕으로 얻은 것의 해악은 윤회입니다. 윤회란 끝없는 죽음입니다. 태어나서 계속 죽는 것은 가장 큰 괴로움입니다.

알 수 없는 시기부터 수많은 죽음을 겪으면서 흘린 눈물은 강을 이루고도 넘칩니다. 이번 생에서도 또 죽어야 하고 이별의 눈물을 흘려야 합니다. 탐욕의 특성은 만족할 줄 모르는 것입니다. 만족을 모르기 때문에 집착을 해서 다시 태어나는 원인을 만듭니다.

오직 태어나서 죽은 것이 괴로움이라고 알 때만이 집착이 끊어져 다시 죽지 않습니다. 관용으로 말하고 행동하면 이로운 업이 되어 태어나고 죽지 않는 해탈의 자유를 누립니다.

# 365. 말의 악의(惡意)

악한 의도로 말하고 행동하면 해로운 업이 되어 나쁜 과
보를 받습니다. 악한 의도가 있으면 남이 곤경에 빠지고
비참하게 죽기를 바랍니다. 곤충과 동물에 대해서도 잔인
한 마음으로 살생을 합니다.

악의를 갖는 순간 지옥의 마음을 가지고 살며 이 과보로
죽으면 지옥에 태어납니다. 선업의 공덕이 있어 인간으로
태어나면 얼굴이 못생기고 병에 걸리며 배우자나 자신이
일찍 죽습니다.

모든 생명은 살기 위해서 태어났습니다. 살생을 하면 그
만큼의 합당한 과보를 받습니다. 싫어하는 생명은 죽여도
상관없다고 생각하면 잘못된 견해입니다. 그러면 남이 나
를 싫어할 때 나도 죽어야 합니다. 악의는 자애와 기쁨으
로 극복할 수 있습니다.

위빠사나문고 **옹달샘** 7

## 내가 꿈꾸는 세상

2016년 1월 19일 1판 1쇄 인쇄
2016년 1월 20일 1판 1쇄 발행

**지은이** | 묘원
**펴낸이** | 곽준
**디자인** | (주)아이나래(02-2272-8458)

**펴낸곳** | (주)도서출판 행복한 숲
**등 록** | 2004년 2월 10일 제16-3243호
**주 소** | 서울시 강남구 논현동 98-12 청호불교문화원 나동 306호
**전 화** | 02-512-5255, 512-5258
**팩 스** | 02-512-5856
**이메일** | sukha5255@hanmail.net
**카 페** | **cafe.daum.net/vipassanacenter**

ⓒ묘원, 2016

ISBN 978-89-93613-44-5
값 10,000원